国富論から幸福論へ

― GDP成長を超えて暮らしの質を高める時代 ―

福島 清彦 著
Fukushima Kiyohiko

From 'The Wealth of Nations'
To 'The Wellbeing of People'

「国富論」1776年　　　から　　　「幸福論」2010年
アダム・スミス　　　　　　　　　ジョセフ・スティッグリッツ へ

税務経理協会

はじめに

　2010年3月を境目にして、先進国における経済業績の評価基準が大きく変わり始めた。これまで200年以上、各国政府は国全体の経済規模GDPを大きくすることを主な政策目標にしてきた。今年は前の年に比べどれだけ自国の経済規模が大きくなったかを示す数字（経済成長率）が経済業績の評価基準だった。それが変わり始めたのだ（変化開始が、なぜ2010年3月なのかは、この本の序論を見ていただきたい）。

　日本でも1950年代後半から1970年代前半までの高度成長時代は黄金時代とされてきたし、2010年代の今も民主党政権は中期経済戦略で2％強の経済成長率を達成することを看板に掲げている。世界の投資家たちは年10％の成長を続けるようになった中国経済を驚嘆と賞賛の目で見ることが多い。

　このようなGDP礼賛の世界がまだ続いているため（2010年は久しぶりに3％以上の成長をしたものの）、近年日本経済の成長率が低下したことを以て、多くの日本人自身が、「失われた10年だ」「20年だ」と嘆いている。ある期間に国全体の経済規模がどんどん大きくならなければ、なぜそれが「失われた」ことになるのか。日本人が（日本だけではない、世界人類が）GDP崇拝の重い病いに取り憑かれているからである。

　だがそれが2010年から、少しずつではあるが、はっきりと変わり始めた。まずヨーロッパが、そしてアメリカも、深刻なGDP崇拝病から回復し、健康な思考を取り戻す方向に動き出したのである。

　その変化は、一言で言えば、政策目標と経済業績の評価基準を、国全体の経済規模拡大から個人の幸福度増大に変える、ということである。国内総生産（GDP, Gross Domestic Product）は、もうこれ以上無理をして大きくしなくてもよい。GDPが大きくなってももちろん構わないが、そんなことよりむしろ個人の幸福度（IW, Individual WellbeingあるいはIH, Individual Happiness）を大きくしよう、という目標変更である。

国から個人へ。生産高から幸福度へ。これは国家戦略の本質的な部分に関わる重大な目標変更である。経済業績の評価基準と経済政策の中心目標を変えるというのは実に大きいことだ。

　それによって起きる変化は、単に経済政策の力点の置き方が変わるというだけの変化にはとどまらない。国民の暮らしぶりや価値観にも変化をもたらさざるを得ない。経済と暮らしを支える思想を根底的に変える変化である。経済観の革命的変化と言ってよいかもしれない。

　しかしこの変化は、新型のインフルエンザ・ウィルスのように、ある年、突然変異で生じたものではない。良い土壌と気候に育まれた葡萄が、収穫後何年もかかって発酵し、熟成しておいしいワインが生まれるように、経済政策の目標変化は、主としてヨーロッパで（そしてアメリカでも）、識者と市民が長年考え、議論をしていく中で生まれた。まず、いくつかの部分的なアイデアが醸成され、それが発展して一種の経済思想となり、ついに1つの、ある体系を持った経済理論が形成されたものである。

　経済と社会に関する新しい思想と理論は、識者と市民の対話によって生まれた。新しい思想と理論は、経済思想に新時代を切り開くことになるであろう。

　新経済思想が経済政策と国民生活にとって持つ意味は何か。新しい思想と芽生えた理論を、政策当局者と国民は、どう活用したらよいのか。そうしたことを叙述し、考えていく本が日本にもあった方がよい。そのような考えに到達したので、私はこの本を書いた。

　この本を書く直接のきっかけになったのは、2010年春、刊行された1冊の報告書である。米国コロンビア大学のジョセフ・E・スティグリッツ教授が主査になってまとめたその報告書（Mismeasuring Our Lives）は、GDPを超えて一国の経済業績を評価する方法と、社会の進歩を計測する方法を提案した本であった。

　経済政策と言えば、その目標はただ規模の拡大（経済成長）にあると考えるGDP（国内総生産）偏重時代が200年以上続いてきたが、長きに及んだGDPの偶像崇拝時代を終わらせるべきであることを、この本は立証し、GDPに代

わる新しい指標を提案している。経済規模の量的拡大をひたすら追い求める時代が終わったのだという認識を先進各国が持つ必要があることを訴えている。

　これから先進各国は国全体の量の拡大よりも、国民生活の質の向上を目指す政策を実施するべきである。国富重視から民富重視へと時代が変わろうとしている。超GDPの幸福論の時代が始まったという認識が必要である。2010年に出たスティグリッツの報告書はこのことを説明している。

　しかし、国全体の経済規模拡大にはこだわらないという政策思想を確立した後でも、経済の質の向上がどれだけ進展したのかを計測していけるような計算基準が、人間社会には必要である。質の向上を示す新指標は、すべてを金額で表して足し算するGDP指標のように、1つではあり得ない。足し算できない、いくつかの指標なので、複数にならざるを得ない。

　そうした指標群を作ることをその報告書では「経済業績と社会進歩の計測」と呼ぶ。指標開発の際に留意すべきことや解決しておかなければならないことを、報告書は指摘している。この報告書の歴史的意義は、17世紀以来続いてきたGDP偏重時代の終了を告げたことだけにあるのではない。1つの経済思想の時代が終わっただけではなく、人間の幸福度増大と経済活動の持続可能度拡大を重視する、新しい経済思想の時代が始まったことを、論証したことにもある。その上で、量より質の新しい社会づくりに向けた人類の歩みを計測するために、この分野ではこういう指標を作るべきだという、包括的な指標開発を、教育、健康、人間集団のネットワークなどの各分野で提案しているのである。

　1776年に出たアダム・スミスの「国富論」が、GDP成長優先時代の幕開けを告げたのだとしたら、2010年に出たこの報告書は、超GDP時代の到来を告げる「幸福論」であると言ってもよいかもしれない。EU欧州連合はすでに2010年3月に採択した「ヨーロッパ2020年戦略」で敢えて成長率の目標数字を作らず、教育水準、就業率向上や貧困者数削減など、人間の幸福度向上に直結する5つの数値目標を設定している。前述したスティグリッツ報告書の提案は早速そのままEUの長期戦略に取り入れられたのである。

　アメリカも2010年3月、政府資金を投入し、GDPを超える新指標を開発す

ることを決めた。健康、教育、環境など、GDPと無関係な指標の改善度を示す指標を各分野で開発し、GDP統計と同様に、国民がいつでもウェッブでその数字を見れるようにすることが、当面の目標である。アメリカはEUとは国情が違うので、今後もGDP重視でいかざるを得ないが、そのアメリカも超GDP指標重視に動き始めていることは、世界的に重要な意味を持つ。

　最後に日本について。ヨーロッパより遙かに速い速度で人口が減り、経済成長などますます困難になっている日本こそ、超GDPの思想と指標を世界で最も必要としている。それなのに依然として2％強の中期「成長戦略」を掲げる日本政府は、21世紀の新経済政策の理解度が先進国では最も遅れていると言わざるを得ない。

　フランスでは、サルコジ大統領が幸福度を測る統計開発をすでに開始しただけではなく、上記報告書を全公務員の研修用必読文献にしたという。日本も超GDP指標を開発するべきである。この本では報告書の内容を紹介し、いろいろな角度から検討を加えた。統計開発だけではなく、人間の幸福度増進に資する政策のヒントを、多くの人びとがこの本から汲み取ってほしいと、筆者は願っている。

2011年3月

福島　清彦

目　次

はじめに

序章　新指標と新戦略の歴史的な意味
- ■経済政策の目標変化 … 3
- ■長かった GDP 崇拝の時代 … 4
- ■幸福度増進の時代 … 5
- ■経済成長より社会進歩 … 6
- ■幸福度指標開発をもたらしたヨーロッパの戦略 … 6
- ■社会進歩は経済成長を実現する迂回路 … 8
- ■幸福度指標開発の 3 つの柱 … 9
- ■途上国の GDP 成長最優先路線 … 10
- ■気候災害と先進諸国の決断 … 11
- ■経済指標新時代 … 12
- ■本書の構成 … 12
- ■欧米を同時に見る、という手法 … 14

第1章　超 GDP 指標開発の時代
第1節　成長率より幸福度
　　　　　―米欧は共に、量より質を目指す― … 16
- ■アメリカの「主要全国指標」 … 16
- ■「量より質の時代」という判断 … 18
- ■EU　成長率を目標にしない長期戦略 … 19
- ■GDP を超える視点に到達 … 22
- ■戦略決定と指標開発 … 23

第2節　幸福度の諸指標 … 24
- ■個人の視点 … 24

- ■包括所得（full income）という考え方 …………………… 25
- ■格差是正で幸福度増進 …………………………………… 26
- ■健康度を測る ……………………………………………… 27
- ■人とのつながり …………………………………………… 28
- ■教育と人的資本 …………………………………………… 29

第3節　国富論から幸福論へ
　　　―経済学と経済指標の新展開― …………………… 30
  1　GDP崇拝時代の経済学と経済指標 ……………………… 30
    - ■ウィリアム・ペティ……課税のためにGDPの元祖を計算 …… 31
    - ■アダム・スミス……自由競争による成長 ………………… 31
    - ■J.M.ケインズ……政府介入による成長 …………………… 32
    - ■アメリカ保守派……政府縮小による成長 ………………… 33
    - ■共通するGDP崇拝 ………………………………………… 34
  2　ケインズが予期していた超GDP時代 ……………………… 34
    - ■「困窮問題の消滅」 ……………………………………… 35
    - ■論文集「ケインズ再訪」の刊行 ………………………… 36
  3　超GDP時代の経済学と経済指標 ………………………… 37
    - ■経済学の本来目標……成長ではなく幸福増大 …………… 37
    - ■超GDP指標が重要になった5つの要因 ………………… 38
  4　進展した「幸福」の研究 ………………………………… 39
    - ■説明できない成長原因 …………………………………… 39
    - ■始まっている幸福度調査 ………………………………… 40
    - ■経済学者の提案 …………………………………………… 41
    - ■政治学者の提案 …………………………………………… 43
    - ■日本での研究開始 ………………………………………… 44
  5　新指標開発開始 …………………………………………… 44
    - ■イスタンブール宣言……新指標開発を要求 ……………… 44
    - ■政治家の使命……成長ではなく幸福増大戦略の提案 …… 46

目　次

　　　■新指標開発……すでに7つの試み ………………………… 46
　　　■危機における指標開発への関心 ……………………………… 48
　第4節　発展の源泉を計測
　　　　―暮らしの質向上がGDP増大にもつながる― ……… 51
　　　■新指標と経済発展の関係 ……………………………………… 51
　　　■労働力投入量増大に頼る成長（途上国）…………………… 53
　　　■部門間の人口移動 ……………………………………………… 53
　　　■それでも日本経済は成長している …………………………… 54
　　　■労働力の質の向上に頼る成長 ………………………………… 55
　　　■EUの全要素生産性上昇 ……………………………………… 56
　　　■EUの移民受入れ能力は低下 ………………………………… 58
　　　■外国人嫌いが増大 ……………………………………………… 60
　　　■イスラムへの反発 ……………………………………………… 61
　　　■移民受入れによる労働投入量増加 …………………………… 61
　　　■高所得国ほど全要素生産性上昇率が高い …………………… 62
　　　■アメリカでも全要素生産性の比重が増大 …………………… 64
　　　■民富の時代の新指標 …………………………………………… 66
　第5節　指標と統計が社会をも変える ……………………………… 67
　　　■いつも目にする統計の感化力 ………………………………… 67
　　　■試験問題の持つ教育力 ………………………………………… 68
　　　■GDPと超GDPのバランス …………………………………… 69
　　　■GDP統計に欠けている4指標群 …………………………… 69
　　　■新指標と欧米の新戦略 ………………………………………… 70
　　　■新指標の力で市場原理主義は後退するか？ ………………… 71

第2章　超GDPの新指標と経済戦略
　第1節　スティグリッツ委員会の勧告 …………………………… 75
　　1　GDPはウソだ……サルコジ大統領 ………………………… 75

■世界的反響 ·· 76
　　　■「経済業績と社会進歩の計測」について ···················· 78
　2　GDP否定ではなく、GDPの補足 ······························ 79
　3　GDP補足の内容 ·· 81
　　（1）資本ストック ·· 81
　　（2）海外投資収益 ·· 82
　　（3）サービス価格の評価 ·· 84
　　（4）所得、資産、消費を同時に考慮せよ ···················· 85
　　（5）家計の視点を重視せよ ·· 86
　　　■所得、消費、資産 ·· 86
　　　■家庭内労働 ·· 86
　　（6）フランスとアメリカ ·· 86
　4　暮らしの質（非GDP指標）に関する事項 ················ 87
　　　■客観的幸福度を8分野で測る ··································· 88
　　　■格差と総合指数 ·· 91
　5　持続可能な発展に関する事項 ······································ 92
　　　■持続可能な発展と環境 ·· 92
第2節　欧州統計局の取組み ·· 95
　　　■スティグリッツ勧告の影響 ······································ 95
　　　■189の指標 ··· 101
　　　■成長ではなく発展 ·· 101
　　　■「まだ開発中」の指標が40 ······································ 102
第3節　原点に忠実な2020年戦略 ·· 102
　　　■教育強化で途上国を引き離す ·································· 102
　　　■EU戦略の一貫性と進化 ·· 104
　　　■時代に合わせた戦略の進化 ······································ 105
第4節　米国の新指標開発法 ·· 107

目　　次

第3章　地球温暖化と中国・インドのGDP極大化戦略
第1節　国際合意を妨害した中国・インドのGDP極大化戦略
……………………………………………………………………111
　■数値目標拒絶は勝利……………………………………112
　■削減量割当てに3基準…………………………………113
第2節　悪役交替と削減割当ての3基準………………116
　■悪役交替…………………………………………………116
　■中印の「削減」、実は増加……………………………119
　■「GDP比削減」というペテン…………………………120
　■コスト増と低成長を生む新エネルギー………………122
第3節　「炭素空間の平等な利用権」という主張………124
第4節　GDP崇拝戦略の帰結
　　　　　—孫たちを襲う嵐— ……………………………126
　■メタン・ハイデレードの噴出…………………………128
第5節　超GDP戦略と日本の経済政策
　　　　　—超GDP戦略がもっとも必要な国— …………129
　■超GDPが必要な4つの理由……………………………129
　■深刻な国民の窮迫………………………………………131
　■名目3％成長を目指す…………………………………132
　■方向感覚は正しいが……………………………………132
　■公約を裏切る実際の政策………………………………133
　■求められる超GDPの発想………………………………133

　索引…………………………………………………………135

国富論から幸福論へ

―GDP成長を超えて
　暮らしの質を高める時代―

序論

新指標と新戦略の歴史的な意味

　目標と指標は、個人にも国家にも必要である。大きな目標があれば、それに向かって努力して行けるし、目標達成に向けてどれだけの進歩があったかを計測する指標があれば、努力を続ける上での励みも出てくる。

　これまで、一国の経済戦略と言えば国を豊かにすることだった。明治の初め、日本は「富国強兵」「殖産興業」の目標を掲げ、それ以降、豊かな国づくりを目指し、ひたすら努力を続けてきた。経済学における、不滅の古典はアダム・スミスの「国富論」であった。国がどれだけ豊かになったのかを計算するため、国内総生産GDP（Gross Domestic Product）という指標が開発され、毎年GDPが前の年よりどれだけ大きくなったかを計算した「経済成長率」が、経済政策の成否を評価する最高の評価基準とされてきた。

■ 経済政策の目標変化

　それが21世紀初頭、特に2010年から大きく変わってきたのである。国全体の経済規模を大きくすること（経済成長）ではなく、個人個人の幸福度を増大させることを政府の経済政策の目標にし始めたのだ。2010年、ヨーロッパは成長ではなく幸福度増大を目標に掲げる長期戦略を正式に採択し、アメリカもそうした政策の採用に向けて経済や社会の新しい指標開発を始めたのである。

　これは「国富論」（1776年刊行）から234年ぶりに起きたきわめて大きな歴史的な変化であり、これによって、主要先進国の経済政策には大きな変化が起き始めている。これは個人の価値観が「経済成長への貢献」（もちろん社会への貢献は続けるが）から「自分の幸福度も充足」することへと変わってきたこと

の反映である。同時に、政府による新戦略構築と戦略実現のための新指標開発が進むことにより、個人の価値観の変化も加速してくるであろう。

　なぜこのような経済政策の目標変化が起きたのか。それにはどういう意味があるのか。これから先進国の経済政策はどう変わってくるのか。そういった事柄を説明しながら考えたのが、この本である。

■ 長かったGDP崇拝の時代

　考えてみれば、GDP崇拝時代が長く続いたのは当然のことだった。早く豊かになりたいとみんなが思っている時代にGDPを重視するのは、充分理由のあることだったからだ。このため、日本だけではなく、先進各国でGDP崇拝の時代が約234年も続いてきたと言ってよい。

　日本の高度成長時代の終末期、当時の通商産業省は、明治以来の経済成長政策の成果を振り返り、「われわれは、『坂の上の白い雲』を見つめて、長い坂道をひたすら上ってきた。いま、大きな感慨と共に、一つの時代が過ぎ去ろうとしている。」という名文を、公式文書で発表した。文書の公式名は1971年に出た、「70年代の産業構造」という題の、産業構造審議会の中間答申で、筆者は当時通産省の論客だった天谷直弘である。

　100年来の殖産興業政策が成功して日本が世界屈指の国際競争力を持つようになり、輸出主導型経済成長と経常収支の構造的黒字を確立したのは1960年代末から1970年代の初頭である。産業振興を使命にしてきた通産官僚が、当時「産経新聞」に連載中だった司馬遼太郎氏の歴史小説『坂の上の雲』から言葉を借用し、経済成長政策における日本の達成感を見事に表現したGDP崇拝時代の歴史的な文書である。

　競争力強化とGDP極大化政策は、別に日本だけの特殊現象ではなかった。アメリカの経済史家アレクサンダー・ガーシェンクロンは、途上国が工業化による経済成長に取り組む際の国を挙げての情熱を次のように分析している。「後進国で停滞の壁を打ち破り、人びとの創造力に火を点け、経済発展に向けて人びとのエネルギーをかき立てて行くには、資源配分の改善とかパンの値段が安くなるといったこと以上の強い薬が必要だ。(中略) 事業家たちでさえ、

高利潤の見通しなどよりもっと強い薬を求める。山並みのように横たわっている惰性と偏見を乗り越えるのに必要なのは信念である。黄金時代は終わったのではなく、これから人類に到来するのだという信念なのだ。」(Alexander Gerschenkron *Economic Backwardness in Historical Perspective*, Cambridge, MA: Harvard University Press 1962)

このように、約200年前に工業化が始まって以降、工業力に支えられたGDP国内総生産の増大（経済成長）は、各国に共通する経済戦略の最高目標だったと言える。

■ 幸福度増進の時代

ところが、2009年9月から2010年3月にかけて、経済指標と経済戦略の考え方に、大きな変化が生じた。変化はヨーロッパとアメリカで同時に生じている。

ヨーロッパではGDPを超える新指標の開発を勧告する報告書が出され、EUはその勧告を生かした2020年までの長期戦略、「ヨーロッパ2020」を2010年3月に採択した。アメリカも同じ2010年3月にGDPを超える「主要全国指標」(KNI, key national indicators) を開発する法律を制定した。かねてから米欧共に同じような超GDPの指標開発と戦略の検討を進めてきたので、戦略採択と指標開発開始の時期が同じになった。

欧米の共通点で重要なのは、欧米共に、国の富よりも個人の幸福度を計測し、より多くの人びとの、個人としての幸福度増進を重視する考え方になっていることである。国の経済規模「GDP」から個人の幸福度「Happiness」へ、国富論から幸福論へと、時代が変化したと言ってよい。

個人の幸福度を高めるには、もちろん、金銭的な収入も大事だが、カネがすべてではない。本人の健康や家族の状態、職場の人間関係、職場以外にも所属して自ら積極的に参加している組織があるかどうか、将来への不安があるかないかなども、個人の幸福度を左右する重要な要因である。

職場以外の個人的な活動分野を含め、個人の満足度とやる気を高め、高い水準に維持すること。実はこれが、結果としてはGDPの拡大、つまり経済成長

にも大いに貢献することが、最近の研究で分かってきた。

■ 経済成長より社会進歩

人びとの健康度や満足度が向上しても、そのままではその改善度を金銭に換算できないので、GDPは大きくならない。しかし、GDPと直接には無関係な諸要素（教育水準、健康度、家族や職場での人のつながり、さらに職場と無関係な組織での人のつながりなどの諸要素）が、幸福度を高めることが確かめられている。それならば、こうした非GDPの諸要素を計測する指標をつくろう。それらの指標に表れた数値を向上させることを政策目標にしよう。幸福度の増大を、「経済成長」とは呼ばず、「社会の進歩」と呼んではどうだろうか。

欧米各国の識者たちは、こういう考えを長年温めてきた。2010年3月には、経済指標と経済戦略に関する、こうしたGDPを超える考え方が、欧米で同時に結実した。ヨーロッパではそれが、GDP成長率の目標数値を敢えてつくらない、2020年に向けた新規の長期戦略採択として現れた。アメリカではそれが、GDP以外の新規指標開発を2010年から開始し、2018年までに一応完了することを、政府が全米科学アカデミーに命じる法律の制定となった。

■ 幸福度指標開発をもたらしたヨーロッパの戦略

21世紀初頭に、GDPを超える新指標が開発され新戦略が採択されるようになったのは、主として2つの要因からである。1つは経済学を中心とした、幸福度に関する学問的研究の発展である。もう1つは社会的公正と経済効率および持続可能な発展を重視する、ヨーロッパの戦略を支える理論的な基礎を固める必要が高まったからである。

学問的な幸福度研究の進展についてはこの本の第1、第2章で述べる。ここでは超GDP経済理論がなぜヨーロッパに必要になったのか、考えてみよう。ドイツとフランスが2度と戦争を相手に対して仕掛けられないような経済体制をつくり、欧州恒久平和を確立することを目指して、ヨーロッパは1957年から欧州統合を始めた。

このため、まず石炭と鉄鋼の共同生産で経済統合を始めたが、この統合は規模の利益によって経済効率を高めることにもつながった。高能率による増産は

各国の経済規模GDP拡大をもたらした。この頃、経済理論と言えば、経済成長率を計算し、その要因を分析するマクロ経済学で充分だったのである。各国民は戦災から早く復興し、国の経済規模が大きくなることをひたすら望んでいた。GDPが大きくなれば、すぐにそのまま国民も豊かになるからそれでよいのだと、ヨーロッパ諸国民は信じて疑わなかったのである。

　しかし、統合ヨーロッパを支える思想は、もともと単純な経済効率増進とGDP増大だけではなかった。最初から、いわゆる「成長戦略」以上のことを考えて統合を始めたのである。

　1957年に締結され、欧州統合の礎石となったローマ条約は、第2条で「経済発展を促進するため、共同市場を設立する」と述べ、経済効率増大を統合の大きな柱の1つに掲げている。だが同時に第3条では、「労働者の雇用機会を改善するため、社会基金を設立する」と述べ、弱者保護、福祉重視による個人の幸福度増大の方向を明確にしている（福島清彦『持続可能な経済発展』税務経理協会2007年79頁）。

　欧州統合はその出発点から、国の経済成長だけではなく、弱者を含めた個人、個人の幸福度増大を戦略目標の中に入れていたのである。

　21世紀に入り、先進諸国の人びとがある程度の豊かさを達成したので、諸国民は格差をそのままにした国の経済規模拡大よりも、個人の幸福度増大の方をより強く望むようになった。個人の幸福度増大政策を支える経済理論は、国の経済規模を大きくすることを目指すマクロ経済学だけでは全く不十分である。新しい経済学が必要であるだけではなく、政治学、社会学、心理学、医学まで取り入れ、広範な学問研究を総合して、幸福度を解明し、幸福度の増進度合いを計測して行く必要がある。こうして、GDPを超え、個人の幸福度を計測する新指標開発がヨーロッパで始まったのは自然な流れだった。

　アメリカでは1968年以降、40年間保守が優位の時代だったので、ヨーロッパのような福祉重視の考え方には、近年あまり支持が集まらなかった。しかし、かなり豊かになった1980年代から全米各地で、GDPを超える幸福度の指標開発を求める市民組織の動きが活発になっていた。

ヨーロッパの場合は、豊かになる以前から、超GDP戦略の淵源はあった。先に述べたように、50年以上も前に統合を始めたときから、GDP増大を超える幸福度追求を戦略目標にしていたので、超GDP指標開発を始めることに何ら抵抗はなかった。経済成長率よりも幸福度増大を重視する新指標開発を、50年を超える欧州統合の必然的な到達点であると見ると同時に、EU欧州連合が2002年から開始した持続可能な発展戦略の論理的な帰結であると見ることが大切である。

■ 社会進歩は経済成長を実現する迂回路

　アメリカで数年前から指標開発の準備を進めてきた中で、またEUで新指標開発を検討してきた中で、明らかになってきたことがいくつかある。それは教育（人的資本への投資）によって個人の能力を高めることと、個人が所属する市民社会組織内の信頼度を高めることが、個人の幸福度を高める上ではきわめて重要だということである。非営利、非政府の市民社会組織の最小単位は家族である。幸福づくりはまず家庭から。市民社会組織は大きくなると、地域組織や全国団体になることもある。

　このような、構築され、絶えず手入れすることで維持されている信頼関係は、社会的資本と呼ばれる。このテーマに関する日本の研究者の間では、「社会的資本」という言葉はあまり使われず、「ソーシャル・キャピタル」というカタカナ語がそのまま使われることが多い（たとえば宮川公男・大守隆『ソーシャル・キャピタル』東洋経済新報社2007年を参照されたい）。

　経済学では、人的資本の水準向上と社会的資本の上昇によって起きる生産の増加度を計算し、それを「全要素生産性」の上昇と呼んでいる。個人の頭脳力強化と組織内の信頼度向上により、個人の幸福度を高めることが一国の経済産出高を増やし、GDPの増大（経済成長）にもつながっていく。個人の幸福度を増大させる政策は、決して経済成長率を高めることを直接の目的にしているのではないが、結果としては経済成長率を高めることが多い。こういう関係が分かってきたのである。

　図式にすれば、

人的資本投資→社会的資本向上→人びとの幸福度増大→全要素生産性上昇→経済成長

という関係になる。

　これはGDP崇拝時代の、労働力投入量増大や資本設備投入量増大に頼った経済成長とは、大きく異なるものである。量の拡大ではなく、質の向上を中心とした経済発展だからだ。なお日本および各国の高度成長時代の成長は次のような図式で表せる。

労働力投入量増大＋資本投入量増大＝生産拡大→経済成長

　幸福度を高める人的資本投資では、教育が大きな役割を占めるが、それ以外にも、健康、（医療、年金、介護などの）社会保障が重要である。社会保障の充実によって、個人は学校教育終了後も、自分と社会全体の幸福度を維持し、向上させて行くことができるからだ。

　欧米でのGDPと経済指標に関する考え方は、2009年秋から2010年春にかけて、このような新しい地平に進み始めた。このためEUは教育と社会保障を重視する政策を採り、アメリカもオバマ政権は、教育と医療改革に取り組み、大きな成果を挙げているのである（オバマ政権の福祉資本主義政策については福島清彦『オバマがつくる福祉資本主義』亜紀書房2009年を参照されたい）。

■ **幸福度指標開発の3つの柱**

　GDP国内総生産という経済指標は、1930年代のアメリカで確立し、第二次大戦後世界に普及した。GDPは世界の経済統計の主役であった。それはGDPが国全体の生産活動の総量と国力を表す一番重要な指標だからである。ところが21世紀に入り、有力な脇役の経済指標が登場して来た。それが個人の幸福度指標である。

　幸福度は主に、①健康度、②教育水準を中心とした知的能力、③他の人びとや組織との間で築いている人間関係……の3分野で計測することになっている。しかし、まだ開発中の部分も多い。

幸福度指標の開発は、主に3つの柱に支えられている。

第1は、1980年頃から欧米で各分野の専門家が進めてきた「幸福」に関する研究である。

第2は、前述したように、EU欧州連合が、1958年の統合開始以来続けてきた、福祉を重視する持続可能な発展戦略である。

第3は、米国で1989年以降、各州や市町村などの自治体で始まり、2006年には全国的な運動になった、GDPを超える新指標開発のための活動である。

幸福論研究とEUの実績、アメリカにおける草の根の討論。この3本柱からなる、超GDPの幸福増進戦略は、EUとアメリカで、それぞれ実を結んだ。2010年、米欧の経済政策という一種のドラマでは、1930年代以来80年も続いてきたGDP指標が単独で主役を演じる時代が終わり、個人の幸福度（がどれだけ増進されたかという指標）も、重要な脇役を経済政策の舞台で演じることになった。それに、気候変動防止を中心とした、経済発展の持続可能度も、もう1人の脇役として認知されたことを付け加えるべきであろう（ただこの本では持続可能度についてはあまり詳しく述べていない。持続可能度は主として地球温暖化防止と新エネルギー投資の問題であり、これは別の機会に詳しく論じるべき大テーマだからである。福島清彦『環境問題を経済から見る』亜紀書房2009年を参照されたい）。

こうした背景から2010年は、政策目標になる経済指標の開発と、経済戦略の樹立において、歴史的に重要な年となったのである。

■ 途上国のGDP成長最優先路線

折しも2009年12月、デンマークのコペンハーゲンで開かれた、国連の気候変動防止枠組み条約UNFCCCの第15回関係国会議COP15では、経済成長に関する先進国と途上国の対立が、抜き差しならないものであることが明白になった。先進諸国はGDP成長をある程度犠牲にしても、気候変動による大災害を防止するべきだと考えた。このためコペンハーゲンで、二酸化炭素排出量削減の数値目標を決めようとしたが、目先のGDP成長を最優先する中国とインドは数値目標を断固拒否した。

序論　新指標と新戦略の歴史的な意味

　もしコペンハーゲンで2012年から2020年までの、温室効果ガス削減数値目標が決まると、中国やインドは鉱工業生産の増加速度を緩めなければならない。経済成長率がやや低下するのは、自国の短期的な経済成長にとって言わば「余計な」新エネルギー投資を、既に中印両国が実行している以上の規模で実施しなければならなくなるところだったからである。

　だが、中印両国は削減目標数値拒否を貫き、国連の場で何も決めさせないことに成功した。このため地球温暖化が従来の予測以上のペースで加速することは避けられなくなった。中印両国が未だに実行しているGDP極大化最優先の経済戦略が、今後世界各地で、気候変動と災害、食糧不足を引き起こすだろうという警告を、コペンハーゲン会議の終了後、多くの専門家が出すようになった。

■ 気候災害と先進諸国の決断

　はたして2010年に入ると、早くもロシア各地の干魃による火災と小麦生産激減、800人以上が死亡したパキスタンの大水害、中朝国境や中国甘粛省での大水害など、（直接の原因は偏西風の蛇行だが）温室効果ガスの出し過ぎが背後にある原因の一部とみられる気候変動と災害が現実のものとなった。

　経済政策を遂行する上で、GDPの拡大（経済成長）にどれだけの重きを置くべきか、或いは成長をある程度犠牲にしても、新エネルギーの開発と温暖化防止のための投資に力を入れるべきなのか。この問題は、2010年には、もはや一部の経済専門家たちだけに任せておけばよい話ではなくなった。人類と地球経済の未来に大きな影響を及ぼす重大なテーマになってきた。GDP最優先か、超GDPの諸指標を重視するべきか。これについての論争が、今後欧米各国で広がっていくと思われる。

　しかし先進各国は、途上国が二酸化炭素排出量削減の数値目標設定に応じなかったからといって、自国の削減目標数値まで放棄し、その分、自国の経済成長率目標を以前より高めに変えるようなことはしなかった。費用はかかっても、気候変動防止のために貢献することの方が、成長率を高めることより大事だという価値判断をしているからであった。

先進国と途上国の対立は、一国の経済戦略において、経済規模（GDP）の拡大がどれほど重要と考えるかという、経済戦略と重視する経済指標の違いである。先進国はコペンハーゲン会議で、1つの試練を乗り越えた。途上国が数値目標設定で協力しなくても、自分たちは従来目標通りの温暖化ガス削減をやり抜くことを決めた。途上国の成長最優先路線とは明白に袂を分かったのである。

■ **経済指標新時代**

　国富論から幸福論へ、国の経済規模拡大速度にだけ着目する従来の成長率引き上げ戦略から、個人の幸福度増大と経済発展の持続可能性をも同様に重視する新経済戦略へと、欧州各国は少しずつ戦略を変え始めている。このため、EUの長期戦略「ヨーロッパ2020」には成長率目標がない。

　1930年から2010年までがGDP拡大最優先の時代だったとすれば、経済戦略と経済指標は2010年から80年ぶりの変貌を開始した。このような重要な変化の初年として、2010年を見ることができるのではないか。

　GDPを超える新指標開発を勧告する報告書を2009年9月に受け取ったフランスのサルコジ大統領は「前途にはとてつもない革命が待っている」「この報告書『以前』と『以降』という言い方をするようになるだろう」と述べ、超GDP指標の開発を提唱した2009年9月の報告書発表がまさに時代を画する重要なものだったという考え方を表明している（Foreword by Nicholas Sarkozy in *Mismeasuring Our Lives* by Joseph E. Stiglitz, Armatya Sen and Jean—Paul Fitoussi, New York: The new Press 2010）。

　実際にフランスでは、この超GDP報告書が出て以降、ほとんどの国際会議でフランス政府は超GDP思想の重要性を訴えており、その思想は、報告書発表後半年経って出てきたEUの長期戦略の中で生きている。フランスは経済指標と経済政策の新時代を自らの手で創り出しそうな勢いである。

■ **本書の構成**

　このような現状認識からこの本は、次のように全3章からなる構成になっている。

　第1章は超GDP指標の意義を多方面から検討し、第2章が超GDP指標の

内容説明である。第3章で、超GDP路線を拒否し、GDP崇拝路線を取る中国とインドの考え方を紹介したあと、日本についても少し述べ、叙述を終える。

もう少し具体的に説明したい。

第1章は超GDP指標開発の時代が到来したことの意味と影響を多方面から論じているので、かなり長い章になっている。

第1節でアメリカの新指標とEUの新戦略を簡単に紹介したあと、第2節はスティグリッツ委員会が勧告した新指標を説明する導入部である。幸福度を測る諸指標を取り上げ、一例として「包括所得（フル・インカム）」という新しい概念を紹介する。

次いで、第3節は一種の経済学説史である。経済学と経済指標を17世紀以来の、経済学の歴史から見る。指標開発に関するごく最近の例として、欧米では早くも2007年に経済専門家たちに超GDPの新指標開発を要求する「イスタンブール宣言」が出され、すでにいくつかの新指標開発が試みられている。次に4節は、スティグリッツ委員会が提唱した新指標が経済成長とどう関係するのかを、欧米日の統計資料を用いて説明する。

第1章の最後になる第5節では、開発が始まった新指標に寄せる統計専門家たちの熱い期待を紹介する。毎日見る統計数字の感化力は誠に大きい。金銭に換算できる産出高だけを計算するGDP崇拝の時代が長く続いたことも一因となって、個人は物欲優先で行動するようになり、企業は短期利益極大化の経営に走るようになった。しかし、新指標で、経済成長だけではなく、もっと広い「経済業績」「社会進歩」といったものが計測され、人びとがそれを見るようになれば、人びとの価値観さえ変わってくるのではないか。良心的な経済と統計の専門家たちはそんな期待さえ表明しているのである。

第2章は新指標の内容紹介である。世界的な反響があったスティグリッツ委員会の勧告を最初にかなり詳しく紹介している。次にEUの状況を見る。EUの一機関である欧州統計局の独自の取り組みを分析し、EUは新戦略の中で、新指標提案者たちの勧告のうち、かなりの部分を、すでに事実上実施していることを指摘する。

この章の最後でアメリカの新指標開発状況を見て行くが、アメリカでは開発が法律で決まっただけなので、そう多くの紙幅は割いていない。

　第3章は、超GDPに進み始めた先進国とは全く逆に、経済成長率極大化路線を突き進む中国・インドの経済戦略を眺める。日本もごく最近まで経済成長最優先でやってきたので、中国・インドの戦略路線を理解できないではない。しかし、中国・インドが成長に邁進し始めた時期はどうもタイミングが悪い。これまでの、主として先進国の経済成長によって二酸化炭素が発生し、上空に堆積し、気候変動が始まってしまったからだ。

　こうした事柄を、コペンハーゲン会議での中国、インド首脳の発言と資料で実証し、さらに2010年夏に出てきた「炭素空間の平等な利用権」という途上国の主張をも検討の俎上に載せる。

　第3章の最後で日本の戦略についても触れる。民主党政権の戦略は、自民党時代より遙かによい方向に向かってはいるが、未だに特定のGDP成長率達成を戦略の最終目標に掲げている。戦略構想力と政策企画力で今後大いに改善が望まれることを指摘する。

■ 欧米を同時に見る、という手法

　この本の独自性は、欧米が開始した超GDP戦略と指標開発を紹介し、日本にとっての意義を力説したことにある。新指標開発についてヨーロッパでは記者会見が開かれ、公開シンポジウムも行われている。それなのに新指標開発と新戦略を日本のマスコミがほとんど報じていないのは少し不思議な気がする。この本は別に本邦初公開の特ダネを狙った訳ではないが、マクロ経済について、日本ではあまり議論されていない、欧米の新しい切り口を提供していることには多少の意義があるのではないかと思う。

　私自身は長年、ヨーロッパ経済政策とアメリカ経済政策を同時に見るという、非常に変わった、広すぎるテーマを専門分野にしてきたが、この本はやはり現役のサラリーマン時代、欧米に駐在し、欧米両方を長年見てきたから書けたのかもしれないと思うことがある。

　新経済指標とその意味というのは、確かに少し堅い話かもしれないが、重要

な話である。多くの人が読んで、超GDPの指標開発を理解し、賛同してくれるのではないかと、内心期待を抱いているところもある。それによって日本でも超GDP新指標の開発が始まるかもしれない。それと並行してGDP成長率にこだわらない、新経済戦略が作られ、教育や社会保障の充実を中心とした幸福度増進の諸政策が実施されるようになればなおよいのだが、と考えている。

第1章

超GDP指標開発の時代

第1節　成長率より幸福度
　　　　―米欧は共に、量より質を目指す―

　2010年はアメリカとヨーロッパにとって超GDP元年だったと言えるかもしれない。

　それぞれ別の経路をたどって国内で議論をした結果、米欧ともに在来の国内総生産GDP（Gross Domestic Product）を超える新指標を開発し、新指標を重視する経済政策を採ろうということになった。超GDPの新指標開発を決めたのが、アメリカでもヨーロッパでも2010年3月になった。時期の一致は偶然ではあるが、数年前から、国民の幸福度を測る物差しが欲しい、それは経済成長率やインフレ率ではないはずだという議論をしていた点は共通している。

■アメリカの「主要全国指標」

　まずアメリカの動きを手短かに述べよう。

　アメリカは同年3月24日、GDPを超える新指標KNI（Key National Indicators）主要全国指標を新規に開発することを、政府が米国科学アカデミーに命ずる法案が議会で可決され、オバマ大統領が署名して法律が成立した。骨子を図表1―1に示している。アメリカがこれまで国内での生産高GDPの伸び率にだけ目を奪われ、3ヶ月ごとに出てくる成長率の数字に一喜一憂していたことから見ると、これは超GDPに向かうアメリカの大きな前進である。

GDP は個人消費、政府支出、設備投資、輸出入という、各項目の金額を足し算すれば計算できるが、これから開発する KNI という新指標の大きな柱は、教育、社会保障（医療が中心）、と温暖化防止という3つである。いずれも個人が感じている自分自身の幸福度に関連する指標だが、性格が異なる多くのものを対象にしている。金額に換算できないし、1つに足し算できない多様な指標の集合である。このため、今後開発される KNI 主要全国指標が何兆ドルになったとか、前年比何%増加したとか、そういう計算はできない。

　主要全国指標 KNI は今後開発され、毎年改善されていく。しかし、どう改善しても、KNI には少しわかりにくい部分が残るかもしれない。それでも、GDP という1つの数字で表される国全体の生産高の数字より、GDP では現れてこない個人の暮らしの質と幸福の度合いを測る指標を持つことの方が大切だ。このような考えから、アメリカ政府とオバマ政権は超 GDP の新指標開発を決めたのである。

　民主党か共和党かを問わず、アメリカでは歴代の政権が GDP 成長率の極大

図表1―1　アメリカの主要全国指標（KNI）開発法

　2010年3月に成立した国民健康保険法（法律番号 111-148）の5906条が、主要全国指標システム KNIS（Key National Indicators System）開発法である。

法律の骨子
1. 法律の成立から30日後に、民主、共和両党が選んだ計8人の委員からなる委員会（委員は両党同数）を設置する。
2. 委員の任期は2年。選挙で選ばれた政治家は委員になれない。
3. 委員会は2人の共同委員長を互選する。
4. 委員会は主要全国指標システム（KNIS）を監督し、KNI システムの改善方法を勧告する。
5. 妥当で質の高いデータの収集を確保するため、委員会は連邦政府の指標データ利用者とデータ提供者の間を調整する。
6. 委員会は全国科学アカデミーと契約し、KNIS の実施状況について、毎年、米国議会に年次報告を提出する。
7. KNIS の作成と運用は、全国科学アカデミーを通じて行う。このため政府は2011年度は1千万ドル、2012年度以降は年750万ドルを支出する。
8. KNIS の構築と運用は全国科学アカデミー自身が行ってもいいし、全国科学アカデミーが外部の他の団体とパートナーを組んで行ってもいい。
9. 政府検査院（GAO）が議会の代わりに主要全国指標システムの財務状態とシステム自体の内容の可否について、評価を行う。

（出典）www.stateoftheusa.org/about/history/

化を優先目標としてきた。あと40年して2050年には、人口が今の3億1千万人からもう1億人以上増えて4億4千万人になると予想されるアメリカでは、国全体の経済規模、GDPを大きくすることが、これからも最優先の課題である。このためアメリカの経済政策と経済指標にとって、GDPは今後も重要であり続ける。

アメリカとは異なり、2050年にかけて人口が減少する日本やEU欧州連合にとっては、高めの成長率維持は今後ますます困難になってくる。このため、GDP成長率に代わる新目標を持つことが、アメリカ以上に必要である。これから紹介する、GDPを超えた新指標がヨーロッパで定着した後でも、だからといって、GDPをこれからは無視する、というものではない。GDP国内総生産はヨーロッパでも当面の経済政策と長期の経済戦略を決める上で重要な指標であり続けるであろう。

■「量より質の時代」という判断

しかし、ここで大切なのは、今後もGDP最優先で進まざるを得ないアメリカ政府でさえ、GDP以外の、暮らしに直結したいくつもの指標を専門家に依頼して開発し、国民の暮らしが向上しているかどうかを計測し始めたということである。新指標を政府が開発するのは、国全体の経済規模の量的拡大よりも、健康、教育、環境などの状態を計測し、こうした非GDP指標の数値を引き上げることが重要だと考えたからである。新指標の数値改善で、国民1人ひとりの暮らしを質的に向上させる。この方が政策目標としては、国全体で高めの成長率を達成するよりも大事になるかもしれない。このような判断をオバマ政権と米国議会は固めたのである。

国民生活の質を高めるには、企業収益を増やすだけではなく、政府投資を健康、教育、環境などの各分野で増やしていかなければならない。同時にGDP増大に直結しないそうした分野の改善度が計測できるようにする必要がある。だが今は、国民生活の「質」を示す指標がない。それならまず指標開発から始めようということになったのだ。

GDP統計に現れない多くの新指標が開発されれば、年齢ごとの平均的な健

康度や学生の学力、社会人の能力開発に必要な生涯学習計画への参加度合いなど、個人の幸福にとって重要な諸指標の改善度を知ることができる。すぐあとで述べるようにEUはすでに似たような超GDP指標の開発に動いているので、将来米国民は自分たちの幸福度を、EUや日本などの外国と比較して考えられるようになるかもしれない。

　新指標の開発と国際比較が進めばアメリカが取り組むべき優先課題も明確になる。外国に後れを取った分野に政府投資を増強することで、アメリカは立ち後れの挽回をはかることができる。

　超GDP指標の開発を決めたアメリカの法律は、元はといえば議員立法である。提案者だった故エドワード・ケネディらの議員は、新指標採択によって政府が人的資本と環境などに従来以上の投資を行うようになり、国民生活の質が向上することを期待している。規模拡大と国力増大を目的にしたGDP成長政策よりも、国民生活の質を向上させる経済政策にアメリカ政府がやがては向かうことを期待して、2007年から続いていた議員立法が2010年ついに成功した。アメリカは2010年3月から法律に基づいて新指標開発に動き始めたのである。

■ EU　成長率を目標にしない長期戦略

　一方、EUでは、新指標開発を義務づける法律がEU議会で成立した訳ではない。EUが行ったのは指標開発ではなく、まだ開発中の新指標を取り入れた戦略採択である。

　EUは今後10年間の長期戦略である「2020年戦略」で、GDPに直接関係のないいくつかの新指標での数値目標を掲げた。しかし新戦略は、経済成長率の数値目標を掲げていない。そこが、従来のEU経済戦略と異なる。2％成長を掲げる日本の菅内閣「新成長戦略」とも違うところだ。

　もちろんEUの新戦略にも数値目標はある。大学卒業者の比率向上（40％へ）、64歳までの就業率向上（75％へ）、貧困者絶対数の2千万人減少などの5大数値目標である（詳しくは第2章で述べる）。いずれもGDP統計には直結しないが、欧州諸国民の人的資本の水準を高め、幸福度を増進する数値である（図表1—2および1—3参照）。

図表1―2　EU2020年戦略（Europe2020）の総括表

大項目	中項目	中心になる政策名	政策内容
頭脳による成長	技術革新	技術革新連合	研究と技術革新の枠組みおよび資金調達を改善。技術革新の連鎖を強化。EU全域で投資水準引き上げ。
	教育	若者の移動	教育制度の実績改善。高等教育拠点としての欧州の魅力を再強化。
	デジタル社会	ヨーロッパのデジタル課題	高速インターネットの普及促進。統合デジタル市場の利益を家庭と企業が享受。
持続可能な成長	気候変動、エネルギーと運輸	高い資源効率のヨーロッパ	資源消費増にならない経済成長。経済の脱炭素化。再利用資源の増大。運輸の近代化。エネルギーの効率化。
	競争力	グローバル化時代の産業政策	（特に中小企業向けに）企業環境を改善。グローバルな競争ができる、強くて持続可能な生産拠点の発展を支援。
福祉充実による成長	雇用と技能	新しい技能と職の課題	労働者の移動支援と生涯を通じる技能開発により、労働市場を近代化。就業率向上と労働力の需要と供給をより良く合致させる。
	貧困政策	貧困と闘うヨーロッパの政策綱領	成長の成果と職が広く行き渡り、社会的除外に遭った貧困層が尊厳を保って社会活動へ積極的に参加できるようにする。それにより欧州全域での社会的結束を確保。

（出典）http://ec.europa.eu/eu2020/pdf/COMPET%20EN520Barroso%20%20%2007%20-%20Europe%202020%20-%20EN%20version.pdf

図表1―3　EU2020戦略の5大数値目標

1. 雇用	20～64歳の就業率を現在の69％から少なくとも75％に引き上げ
2. 研究開発	GDP比の研究開発支出を現在の2％から3％へ引き上げ（リスボン戦略目標の同3％から不変）
3. 気候変動	温室効果ガス排出量を2020年に1990年比20％削減（2009年COP15前に決めた目標から不変）
4. 教育	早期学校中退者比率を現在の15％から10％に引き下げ 30-34歳の大卒比率を現在の31％から少なくとも40％に引き上げ
5. 貧困	貧困層を現在の8,000万人から6,000万人へ2,000万人削減。削減率25％

（出典）Europe2020 page30
http://ec.europa.eu/commission_2010-2014/president/news/document/pdf/20100303_1_en.pdf

第 1 章　超 GDP 指標開発の時代

　EU が 21 世紀最初の長期戦略で敢えて成長率目標を決めなかったのはなぜか。それは EC 委員会が 2009 年夏以降、新戦略を検討して行く中で、もう経済規模拡大（成長率）にはこだわらないようにしようという合意ができあがったからである。図表 1—4 に、近年の EU における超 GDP 志向が新指標開発に進んでいく動きをまとめた。

図表 1—4　EU の超 GDP 指標開発小史

2007.6.30	EC 委、OECD、国連、国連開発計画、イスラム会議機関、世界銀行の 6 者が共同で「超 GDP、社会進歩を計測する必要がある」というイスタンブール宣言を採択。 この会議に EC 委事務局のエコノミスト二人が中心になる論文 'Beyond GDP' を提出。
2007.1	欧州統計局「持続可能な発展に関する 10 指標」（2007 年版）を作成。
2007.11	EC 委員会、欧州議会、ローマ・クラブ、OECD（経済協力開発機構）、WWF（世界自然基金）の五者が協同で「GDP を超えて（Beyond GDP）」と題する会議を開催。
2008.2	サルコジ大統領が「GDP を超える新指標をどう開発したらよいか」をスティグリッツ教授ら 25 人の専門家に諮問。スティグリッツ委員会設置。
2008.7	スティグリッツ委員会が中間報告を発表。
2009.8.20	欧州委員会「GDP を超えて……変化する世界における進歩の計測……」という政策提案を発表。
2009.9.8	欧州委員会、シンポジウム「GDP を超えて」を開催。
2009.9.14	フランス・サルコジ大統領の諮問を受け、GDP を超える経済指標と経済戦略を検討してきたスティグリッツ委員会が、最終報告「経済業績と社会進歩の計測」を発表。同日シンポジウム開催。世界的反響を呼ぶ。
2009.11	欧州統計局「持続可能な発展指標」（2009 年版）を発表。
2010.2.4	ドイツ・メルケル首相とフランス・サルコジ大統領が会談。会談後の共同声明で、「EU の 2020 年戦略では、スティグリッツ勧告にあるような新経済発展指標を採択するべきだ」と提案。さらに、2010 年中に超 GDP 新指標に関する独仏専門家によるシンポジウムを開催、そこには独仏首脳が出席することでも合意。
2010.3	EC 委員会「ヨーロッパ 2020」という長期戦略を発表。そこで掲げた 5 大数値目標は人的資本投資と幸福度増大のためのもの。GDP 成長率の数値目標はない。
2010.4.9	欧州委員会が「超 GDP 最初の工程表」として「統合した環境と経済の会計」を発表」。
2010.6	欧州理事会が長期戦略「ヨーロッパ 2020」を最終決定。各加盟国にこれに合わせた国別戦略策定を要請。

（出典）EC 委資料などから筆者作成。

特に2007年以降のEU文書を見ていると、EUは、現在の教育や社会保障の水準をそのままにして経済規模の量的拡大だけを目指すような響きのある言葉、「成長（growth）」よりも、質の向上を伴うような響きのある言葉「発展（development）」という言葉を近年多用するようになっている。

EUの超GDP戦略は2010年に突然生まれたものではない。表1—4を見て分かるように、戦略発表の少なくとも3年前から超GDPについて討論してきた。2007年の5者が共同で開催した超GDP検討会には、EC委員会の2人のエコノミストが共同で（2人とも個人の資格でだが）「GDPを超える経済政策とは何か」について好論文を提出している。その後の検討を経て、EU最高の意志決定機関である欧州理事会は2009年7月、事務局であるEC委員会に「次期経済戦略策定に当たっては、伝統的な経済規模GDP以外の考え方を取り入れるように」という指示を出している（これについては第2章図表2—10において再論する）。

■ GDPを超える視点に到達

その結果EC委員会は8月20日、EU首脳会議（欧州理事会、European Council）と欧州議会に、公式の政策提案を出した（EUではこの種の、正式決定以前の提案文書をコミュニケーション（Communication）と呼ぶ）。

提案の題は「変化する世界における進歩の計測……GDPを超えて……（GDP and beyond：Measuring progress in a changing world）」である。EC委員会はこれについて「GDPは有益だが、それを環境保全と社会進歩の指標で補完することが必要になったのだ」という説明をしている。規模拡大もいいが、それよりも社会進歩の方を重視するべきだということである（www.beyond-gdp.eu/EUroadmap.html）。

9月14日にはスティグリッツ委員会による超GDPの勧告がパリで発表になった。スティグリッツ委員会のメンバー構成の説明と勧告の内容検討は次の第2章で行う。スティグリッツ委員会の勧告は232ページもある全文がウェッブで入手できるだけではなく、それを137ページに要約した単行本も2010年に発売された。こうして世界的な影響力のある著作となった（www.stiglitz-sen-fitoussi.fr および Joseph E. Stiglitz, Armatya Sen and Jean-Paul Fitoussi *Mismeasuring our Lives：Why GDP doesn't add up* The Report of the Commission on the Measurement of Economic Performance and Social Progress, 2010 New York：The New Press）。

■ **戦略決定と指標開発**

スティグリッツ勧告がEUの戦略決定に決定的に影響力を持つようになったのは、2010年2月の独仏首脳会談である。会談後の独仏共同声明には、こう書いてある。

「フランスとドイツはEUに、スティグリッツ委員会の提案に基づいて経済成長を計測する具体的な提案をヨーロッパ・レベルで作成することを提案する。」

（http://www.dw-world.de/dw/article/0,,5216680,00.html および 'Merkel and Sarkozy to boost faltering partnership' *Financial Times* 2010-2-4 http://www.euractiv.com/en/print/priorities/paris-and-berlin-outline-common-vision-2020）

さらにフランス政府統計局はすでにサルコジ大統領の命令により、2009年9月から幸福度を重視する新指標開発を進めている。EUもEU全域を対象とする新指標を開発する方向に進み始めた。

EUを構成する有力国であるフランスが提案し、ドイツもそれに賛同したので、スティグリッツ勧告はEUの2020年戦略に大きく生かされることになった。

イギリスはいつも大陸諸国が進める欧州の更なる統合から一歩身を引き、距離を置く姿勢をとっているが、超GDPの思想と戦略については理解を示している。デイビッド・キャメロン首相は、労働党政権時代に野党の保守党党首としての発言だが、「人びとのポケットにカネを入れることだけではなく、人との心に喜びを入れることを考えるべきだ」と発言した。国民総生産GNP（Gross National Product）より国民総幸福GNH（Gross National Happiness）が大事だとして、経済成長優先政策を批判している（Darek Bok *The Politics of Happiness* Princeton, NJ：Princeton University Press 2010 p4）。

EUは全体の長期戦略で超GDPを打ち出しただけではない。EU加盟国の中

心的な指導者がいずれも、2010年からは国内政策を超GDPの考え方に沿って運営し始めている。

第2節　幸福度の諸指標

　幸福度を測る指標は、ヨーロッパでもアメリカでも、今その開発が始まったばかりである。したがって、まだ、これといった体系的な統計表はない。しかし、サルコジ大統領に提出したスティグリッツ勧告や、アメリカで成立した主要全国指標開発法（KNI）の中には、これから開発される新指標の輪郭が出ており、そこから主な特徴をつかむことはできる。

　ここではスティグリッツ勧告を中心に、個人の幸福度を測る諸指標が、国全体の国力を測るGDP統計とはどう違ってくるのか、という特徴をいくつか述べる。超GDP指標の、言わば入門編である。幸福度を測る諸指標の具体的な項目と内容は第2章で紹介する。

■ **個人の視点**

　幸福度は国全体の経済統計ではないので、基本的には個人に帰属する数字である。しかしその中でも、全く個人の感じ方に帰属する、心理的な「満足度」のような指標もあるが、所得や医療サービスの水準など、GDP統計との関連が深い、幸福度の指標もある。国全体を考えるのではなく、個人の視点で考えると、従来の経済統計では取り上げられなかったいくつかの指標が重要になってくる。

　まずGDPの大きさとかなり関係する項目から見ていこう。

　国全体の経済規模より、個人にとって大切なのは所得である。それも名目上の所得ではなく、税金や社会保険料を引かれたあと銀行口座に振り込まれてくる手取り、経済学でいう可処分所得（DI, disposable income）である。所得と関連している消費の水準が消費者にとっては大切だが、消費水準の持続可能性も幸福度の一部を構成する。2008年までのアメリカの個人消費のように、勢いは強いがそれが住宅を担保にサラ金をして消費している場合は、やがて持続で

きなくなる。

したがって、個人の視点から消費を見るには、消費水準だけではなく、消費水準の持続可能性と資産の状態を見ることが必要だ。つまり借金して消費を維持していないか。持ち家に住んでいるか、アパートを借りているかは、個人の幸福度と安心度を測る上で重要なポイントである。

■ 包括所得（full income）という考え方

所得は、GDP統計と関係する可処分所得が大事だと述べたが、スティグリッツ勧告は、それとは異なる新しい所得概念を提案している。可処分所得の他に、市場外、家庭内で行われる労働の成果（家庭料理や家事労働がもたらす所得効果）と、これもGDP統計には入らない余暇時間の長さを個人の所得に入れる。家庭内労働時間と自分の自由になる余暇時間を、何らかの基準で金銭的な所得額に換算する。こうして出てくる所得額をスティグリッツ委員会はフル・インカム full income と呼んでいる。「フル・インカム」は「包括所得」とでも訳すべきだろうか（www.stiglitz-sen-fitoussi.fr および Joseph.E. Stiglitz, Amartya Sen and Jean-Paul Fitoussi, Mis-measuring our lives：Why GDP does not add up New York：The New Press 2010 p50-56）。

これは式で表すと

包括所得＝可処分所得＋家庭内労働時間＋余暇時間

ということになる。

日本には貧乏暇なしという言葉がある。そのように毎日長時間労働で、家へ帰ったら疲労のあまりただ寝るだけという暮らしでは、それで国全体の生産高GDPは増大するかもしれないが、個人の幸福度は増大しない。長時間労働者の包括所得（full income）はあまり大きくない。これに比べ、自ら市場外の家庭内労働を行い、配偶者などの良い家庭内労働に支えられ、長い自由時間を持つことは、それで金銭収入が増えるわけではないが、個人の幸福度（well-being）がそれだけ増進されることは間違いない。

スティグリッツ勧告は、そういう新しい基準で所得を計算し、アメリカ人と

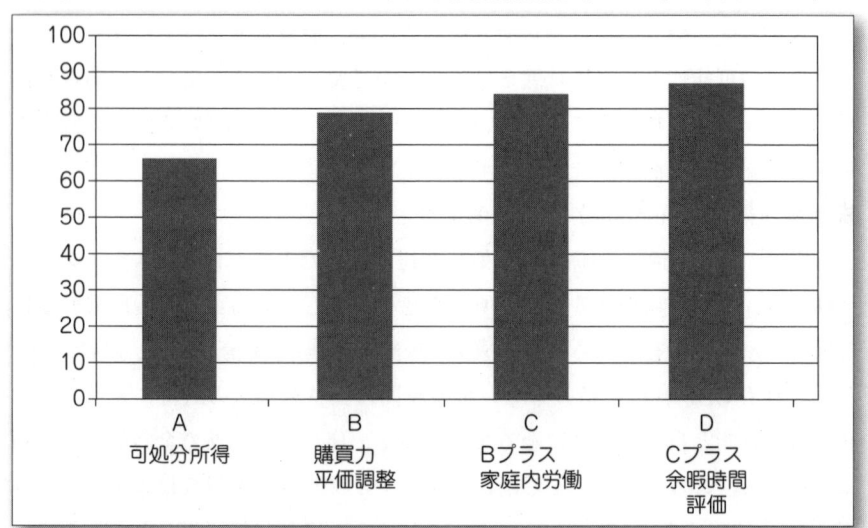

図表1―5　フランス人とアメリカ人の実質所得指数（2005年の米国＝100）

	A	B	C	D
	可処分所得	購買力平価調整	Bプラス家庭内労働	Cプラス余暇時間評価
値	約66	約78	約84	約87

（出典）www.stiglitz-sen-fitoussi.fr

フランス人の包括所得を計算している。図表1―5にそのグラフを示した。左端の棒Aは、2005年のGDP統計から作った。アメリカ人の所得を100とした場合、フランス人の所得は、66しかない。しかし、それにBで物価水準を考慮した調整を行い、Cで家庭内労働を所得に加え、さらに余暇時間（アメリカでは年に10日か14日ぐらいしか休暇が取れないが、フランス人の法定年間有給休暇は5週間）を所得に加えたDでは、フランス人の所得は87になる。それでもアメリカ人の包括所得100には及ばないが、米仏の所得格差は、21ポイントも縮まる。

このように個人の幸福度という視点から経済を見ると、別の世界が見えてくるのである。

■ 格差是正で幸福度増進

さらに不平等感という問題がある。幸福度には、絶対的な所得水準だけではなく、他人との比較が大きく作用する。会社の同僚や近所の隣人と比べて、自分の地位や所得が高いか低いかも、個人が感じる幸福度に大きく影響するから

だ。国の経済規模がいかに大きくなっても所得格差が広がるばかりでは、幸福感は出てこない。したがって、経済成長率を高めるだけではなく、政府の手による格差是正、所得再分配政策が多くの人の幸福感増進には必要である。

1980年代米国で金持ち減税と福祉削減を行ったレーガン大統領は、社会の上層を豊かにすれば、社会の富はやがて下層にも行き渡る。水が上から下へ「滴り落ちる（trickle down）」のだという説明をした。

実際にはレーガンおよびその後のブッシュまで、保守派の政策は所得格差を拡大し、貧困者数を増やしただけだった。ある論者によると、ブッシュ時代の2002年から2006年の間に、アメリカの上位1％の所得層はアメリカの国民所得増加額の3分の2を自分たちの手に入れたが、下位の90％（90％のアメリカ人）は国民所得増加の12％分しか分けてもらえなかった（David Stockman, Four Deformations of the Apocalyps, *New York Times*, Op-Ed comment 2010-7-31）。

これを批判し政府の手による所得再分配に乗り出したオバマ大統領は繁栄の成果をもっと多くの人に配分することを就任演説でも訴えた。

オバマは2009年1月の大統領就任演説で、「国家は成功したものだけを引き立てていては成功できない。われわれの経済の成功は、単に国内総生産GDPの規模だけでなく、繁栄の広がりにかかっている」と述べている。これは、共和党の保守派政治の元で拡大した所得格差の是正に取り組む決意を表明したものである（www.whitehouse.gov/blog/inaugural-address/）。

2010年2月に出した予算書でオバマは自分の政策は水を下から上に「滴り上げる（trickle up）」政策だと述べている（地球の引力があるので、自然に水が下から上へ滴り上がることなどあり得ないのだが、オバマは敢えて滴り上げるという表現を用いた）。下層に多めの所得分配を行い、健全な個人消費の拡大と幸福度増大をもたらす格差是正政策をとることを訴えたのである（President's Message, A New Era of Responsibility, www.whitehouse.gov/omb/assets/fy2010_new_era/President's Message1/pdf）。

■ 健康度を測る

幸福度にはもちろん、金銭と関係のない部分もある。幸福感を持つにはまず

何よりも本人の健康が大切である。そして家族の健康と幸福も重要だ。これに関係する国全体の指標としては、国民の健康度、医療サービスの充実度、平均寿命などを、幸福度の指標として見ていくことになる。スティグリッツ勧告では健康度の向上を提唱している。

アメリカでも幸福の指標づくりに関与している、国立医療研究所（IOM, Institute of Medecine）が2008年に健康度を測る20の指標を作成した。図表1-6にその項目名だけを示した。

20の指標は、①心臓病、糖尿病など健康そのものに関するものと、②健康に影響を及ぼす飲酒、喫煙、日頃の運動など健康に関連する生活習慣、さらに③健康保険制度など、政府の政策に関するものという3つのグループに分かれている（www.stateoftheusa.org/content/from-hundreds-of-health-indica.php）。

国立医療研究所は、この20指標を、今後開発する主要全国指標KNIの中に取り入れてほしいとしている。この健康指標は今後、幸福度を計測する際に、ほぼそのまま取り入れられる可能性が強い。オバマ大統領は2010年3月、アメリカでは画期的な国民健康保険制度を発足させたので、少なくともその分だけ、国立医療研究所が作ったアメリカの健康度指標は改善し、アメリカ人の幸福度が増進したことになる。

■ 人とのつながり

しかし、どんなに健康で、どんなにお金持ちでも、天涯孤独の一人暮らしで、家族もなく、組織とのつながりもない人には、幸福感は生まれないものである。外部とのつながりがほとんどない独居老人ほど、加齢による多くの病気になりやすく、鬱病などの精神障害にも陥りやすい。健康を害した際も、病の進行が早いというデータが報告されている。

他人および何らかの形で社会全体とのつながりを持ち、その中で役割を果たしていることが、健康保持にも、幸福感維持にも重要なようである。スティグリッツ委員会は社会とのつながりの大切さを「関係を持つこと」（connectedness）という言葉で表現している。

第 1 章　超 GDP 指標開発の時代

図表 1—6　主要全国指標 KNI に入れるべき健康 20 指標

\multicolumn{2}{健康度そのものの指標}	
1	出生時の予測寿命。国民全体平均的健康度を示す総合指標。
2	乳幼児死亡率。1 歳までに子供が死亡する数。1,000 人当たり。
3	65 歳時点での予測残存寿命。高齢者医療の水準を計測できる。
4	負傷による死亡率。交通事故や銃撃による負傷を含む。2004 年全米死因の 7 ％。
5	自分自身による健康状態の自己診断。医療サービス需要度を反映。
6	過去 30 日間で肉体的および精神的に病気だった日数。医療サービス需要を反映。
7	6 大長期疾患の 1 つ以上にかかっている人の比率 ％。 6 大病は、糖尿病、心臓病、長期の肺疾患、喘息、癌、血管の病気をさす。
8	重度の精神病。精神病度の指数で 13 以上の指数の人の比率 ％。
	健康に関連する行動
9	喫煙。生涯で百本以上のたばこを吸ったか、いまも喫煙している人の比率。
10	身体の運動。1 日 30 分以上穏やかな運動をしている人の比率。米国では 50% 以下。
11	過剰飲酒。一回の機会で 4 単位（女）または 5 単位（男）以上の酒を飲む人の比率。
12	栄養。1995 年に米国農務省が作成した健康食事指数で 80 以上の人の比率。
13	肥満。BMI 指数（身長と体重の比率）で 30 以上の人の比率。
14	避妊具不使用。性病危険者比率（中 3 から高 3 までコンドームを用いない人の率）。
	健康制度に関連する指標
15	1 人当たり医療支出額。世界各国との比較が可能。
16	健康保険非加入率（オバマ改革以前）。年に 18,000 人以上が保険非加入のため死亡。
17	薬が買えなかった人の比率（同上以前）。過去 1 年間で薬が買えなかった人の比率。
18	予防医療サービス。年齢相応の検査や予防注射を受けた人の比率。
19	緊急入院比率。予防医療が不十分だと救急車での緊急入院が増える。
20	乳幼児の予防接種。生後 19 ヶ月から 35 ヶ月の幼児の予防治療受診比率。

米国医療研究所 Institute of Medicine が 2008 年に作成。
民間団体「アメリカの状態」に提出。ウェッブ上でも発表。
（出典）www.stateoftheusa.org/content/from-hundreds-of-health-indica.php

■ 教育と人的資本

　良い教育を受けているかどうかも、幸福度増進には重要な要素である。スティグリッツ勧告は、幸福になるには教育が必要だと力説している。「教育は、人が抱く人生における達成感と関係している。教育は教育に投資したその人本

人と、その人が住む社会とに、きわめて広範な利益をもたらす。このことについては研究者の間で合意がある。」(www.stiglitz-sen-fitoussi.fr　p46-47　これについては第2章でさらに紹介する)

　高い教育水準を持ち、自らが積極的に関われるような組織とのつながりを持っている人は、高い幸福度を達成していることが多い。教育および組織とのつながりは本人の幸福度を増進するだけではなく、一国の経済的な生産性を高めることにつながる。21世紀に先進国が経済発展をする上で、教育水準と自発的な組織的な活動の水準がきわめて重要な要素であることが確かめられている。これが全要素生産性と呼ばれるもので、これについては後述(第1章第4節)する。

　要約すれば、所得、消費、資産という、GDPに直結する指標で満足すべき数字を出すことも幸福の重要な一部である。だがそれよりも健康、対人関係、教育といったGDPには直結しない分野で指標を向上させていくことが幸福度増進には必要不可欠だ。こうした非GDP分野でどれだけ進歩があったのかを知ることが必要だ。そのためにはまず良い新指標を開発することから始めようというのが、欧米が2010年3月から本格的に取り組み始めた幸福度の諸指標開発の趣旨である。

第3節　国富論から幸福論へ
　　　　　―経済学と経済指標の新展開―

1　GDP崇拝時代の経済学と経済指標

　今までの経済学は、ほとんどすべてが一国の経済規模をさらに大きくすることを最終目標にしてきた。そのために経済理論を考え、統計を作り、国全体の産出高をもっと大きくするにはどうしたらよいかと思案して、経済政策を考えてきた。経済学者達は過去300年以上GDP崇拝を続けてきたと言ってよい。

第 1 章　超 GDP 指標開発の時代

■ ウィリアム・ペティ……課税のために GDP の元祖を計算

　最初に国全体の経済規模を計算する方法を考案したのは、イギリス人のウィリアム・ペティ（1623-1687）である。当時イギリスはフランスやオランダと戦争状態にあり、イギリスは諸外国に対抗し軍隊を強化する必要があった。経済統計がほとんどない時代にペティは土地台帳や穀物取引記録、教会の埋葬人数などからイギリス全体の経済規模を何とか推計し、そこから今後の税収増加の余地を割り出して、国王に提出した。

　解剖学者兼経済学者であると同時に大地主でもあったペティは、国王が戦費調達のために、これ以上土地への課税を増やさず、商工業者などに課税するべきだという結論を出した。これが為政者のために国全体の経済規模を計算する作業の始まりで、ペティはこの計算方法を、今日のように国民経済計算とは呼ばず、政治算術（political arithmetic）と呼んだ（Anton E. Murphy *The Genisis of Macroeconomics*: *New ideas from Sir William Petty to Henry Thornton* Oxford：Oxford University Press 2009 および ウィリアム・ペティ『政治算術』大内兵衛、松川七郎訳 岩波文庫 1991 年）。

■ アダム・スミス……自由競争による成長

　その後マクロ経済学で古典とされる大著を著したのはやはりイギリス人のアダム・スミス（1723-1790）で、その著作『国富論』は、表題の通り、国全体の富をいかに大きくするかを考えた本である（Adam Smith *An Inquiry into the Nature and Causes of The Wealth of Nations* NY：Modern Library 1994）。

　スミスの『国富論』は分業がもたらす利益や価格メカニズムと資本蓄積の重要性など、多くのテーマを論じている。しかし『国富論』の中では、各人が自己の利益増進のため利己的に働き、市場で自由に競争することで最良の結果がもたらされるという市場経済礼賛論が最も有名である。

　自由競争をすれば、優勝劣敗が起き、技術革新が促進される。非効率な弱者が淘汰されて経済効率が高まり、国全体の富も大きくなる。市場経済のこの仕組みをスミスが「見えざる神の手（invisible hand of God）」と呼んだことはよく知られているが、ここでは、自由競争論よりもスミスが個人の幸福ではなく、

31

国富増大を最終目標にしていたということが重要である。

　最初にGDPの概念を開発しGDP金額の計算をしたのがペティだとすれば、GDP理論を体系化し、GDP極大化（経済成長）には自由競争が良いことを指摘したのがスミスだったと言える。農業社会から工業社会に移りつつあった当時の経済を計測するには、国内総生産GDPで充分であり、経済政策の指南書は『国富論』ぐらいで充分だったのかもしれない。

■J. M. ケインズ……政府介入による成長

　しかし、20世紀に入ると経済はもっと発展し、社会は複雑になった。1929年ニューヨークのウォール街の株価暴落に端を発した不況は世界に広がり、世界不況は1929年から1939年まで10年も続いた。この時期に、不況脱出のためには自由競争だけではダメで、政府が出動し、財政支出によって有効需要をつくり出さなければならないことを説いたのが、J・M・ケインズによる1935年の著書『一般理論』である（John Meynard Keynes *The General Theory of Employment, Interest, and Money*　邦訳『雇用、利子および貨幣の一般理論』（上、下）間宮陽介訳 岩波書店 2008年）。

　ケインズは政府と民間の協力で一国の経済を再建し、発展させて行くべきだという混合経済体制論を確立した立役者で、第2次大戦後は各国がケインズ政策を採用したため、各国で経済に占める政府支出の比率が高くなった。だが、ケインズの最終目標は政府支出拡大ではなく、スミスと同じ、経済規模拡大、GDPの成長にあった。1929年から39年まで続いた世界不況のただ中、1935年にケインズは『一般理論』を著し、GDPの回復と拡大への道を指し示した。

　各国がケインズ政策を採用したため、第2次大戦後先進国の経済は大きく成長し、20世紀末には先進各国は、ある程度豊かな国になった。一国の経済規模の管理と需要創出について、理論と政策に新次元を切り開いたケインズの功績は誠に大きい。ケインズは21世紀初頭まで続いたGDP崇拝時代を代表する最大の理論家であり、政策立案者だったと言える。

　しかし、新指標を開発して国富だけではなく民富の増大を考えようとしている今日の視点からすると、ケインズの限界も明白になる。

第 1 章　超 GDP 指標開発の時代

　1987 年にノーベル経済学賞を受賞したロバート・ソロウ MIT 教授は「ケインズには所得分配に対する関心が全くなかった。」と指摘している（Robert Solow 'Whose Grand Children?' in Lorenzo Pecchi and Gustavo Piga, editors, *Revisiting Keynes* : *Economic Possibilities for our Grandchildren* Cambridge, USA : MIT Press 2008）。

　国全体の景気を拡大し、GDP 成長を持続することにケインズは強い関心を持っていたが、個人の幸福度増大や貧困者の救済はケインズの関心事ではなかったという指摘である。社会保障と教育の充実で、人間の幸福度増進を図ろうとしている今日の経済学者たちとは異なり、ケインズの関心はあくまでスミスと同じ、景気回復、国富の増大、国全体の経済規模拡大にあったのだ。

■ アメリカ保守派……政府縮小による成長

　政府支出拡大と政府部門の肥大化がかえって民間部門の活動を圧迫するので、減税と政府支出削減によって、一国の経済活動を活発にすべきだという考え方も、1970 年代にはアメリカで生まれた。供給経済学といわれた考え方で、アーサー・ラッファーらがこれに基づき、官から民へという経済政策を提案した。ラッファーらは 1980 年代、保守派のレーガン大統領に経済政策の助言をした（Arthur Laffer *The End of Prosperity* : *How Higher Taxes Will Doom the Economy---If We Let It Happen* New York : Threshold Editions 2009）。

　アメリカでの保守派寄りの経済政策は、2009 年 1 月、ブッシュ大統領が退任するまで続いた。しかし、2009 年 1 月 20 日、オバマ大統領が就任したことで、国全体の規模拡大と弱者切り捨てを敢えて行う保守派経済政策の時代はアメリカで終了した。

　日本ではこの間、小泉首相がブッシュ大統領と緊密な関係をつくり、「官から民へ」「小さな政府」のスローガンを日本国民に訴え、規制緩和と歳出削減で日本経済を成長軌道に乗せる約束をした。小泉政権は 2005 年 9 月、選挙に勝利した。

　しかし、日本経済はこの間、ほとんど成長しなかった。労働力人口は 1998 年に 6,793 万人でピークを打って以降減少を続けている（2010 年 1-3 月期の速

報値6,613万人)。総人口は2004年に1億2,779万人に達した後、減少の一途をたどっている(同速報値1億2,748万人)。

働く人の数が減るので、生産は増えにくくなった。総人口が減っているので、国内消費市場には縮小に向かう力が働く。人口要因が、経済停滞の大きな要因である。

経済停滞で政府の税収は減るが、人口高齢化で、年金や医療費を中心にした社会保障費は、そのように制度が設計されているので、自然に増えて行く。それにもかかわらず、小泉氏以降の歴代自民党政権は、財政の基礎収支(プライマリー・バランス)を2010年代初頭に黒字にするという目標を立てていた。その目標達成のため、社会保障費は毎年ほぼ2,200億円も削られ、格差拡大と弱者切り捨てが行われた。

■ 共通するGDP崇拝

小さな政府を訴える保守派の政策は、一見すると、ケインズ主義の正反対だが、この主張の最終目的も、小さな政府を実現すること自体ではなく、小政府による国内総生産GDPの増大にあった。国民の幸福度ではなく、国全体の富の増大、経済成長を目指していたという点では、供給経済学者もケインズと同じである。

ペティ、スミス、ケインズ、そして最近のラッファーまで、マクロ経済学に取り組む経済学者達は国全体の産出高をもっともっと大きくしなければならないという強迫観念のようなものに取り憑かれていた。国全体の経済を成長させるために経済理論を考え、統計を分析し、政策を提案してきた。300年以上続いたGDP崇拝時代の経済学と経済学者達だったといってよい。

2　ケインズが予期していた超GDP時代

政府支出による有効需要創出とGDP成長を唱えたので、ケインズもGDP崇拝時代の経済学者である。ただ、ケインズは、80年前の1930年から超GDP時代の到来を予期していた。そこが普通の経済学者とは違うところだ。

経済成長を続けて多くの人がかなり豊かになった結果、国全体の更なる経済

第 1 章　超 GDP 指標開発の時代

成長以外のものが国民にとって大事になる。やがてはそんな時代が来ることをケインズは予期していた。

ケインズは 1930 年に書いたエッセイ「孫たちの経済的可能性」の中で、国全体が豊かになり、人びとがただ食べて行くためだけなら長時間労働をしなくてもよくなる時代を考察している（John Maynard Keynes 'Economic Possibilities for our Grandchildren' in *Essays in Persuasion* NY：W. W. Norton Comapny 1963 p371-373）。

さらに、ケインズは、「あと何世代か後には労働生産性が極めて高くなり、1日 3 時間、週 5 日労働ぐらいで必要なものはすべて生産できるようになる。余暇時間が増えるであろう。」と述べた。

■「困窮問題の消滅」

そのような時代に「われわれは再び手段よりも目的を大切にし、効用があることより善であることを好むようになる。日々の時間を善なるものに向けてうまく使うことを教えてくれる人びとを尊敬するようになるだろう。」

したがって「そう遠くない将来に、人類全体の物質的な環境に、史上空前の大きな変化が起きるだろうと私は予期している。しかしこの変化は突然の大災害として起きるのではなく、少しずつ起きるだろう。実際にはその過程がすでに始まっているのだ。経済的困窮の問題が事実上なくなっている人びとの階級やグループがますます増えるという形で、その現象が起きて来るであろう。この条件がきわめて一般的になった時、人びとの他人に対する義務関係の性格が変わり、決定的な変化が生じる。」

「それまでの間、われわれの運命に備え、少し準備をし、人生における諸技能と、目的に基づく諸活動を奨励し、実験しておいても害はないであろう。」

そのような時代がやがて来ることを考えると、長期的には経済問題など大した問題ではない。「経済問題の重要性を過大評価してはならない。（中略）もっと大きく、もっと永遠の重要性を持つ事柄が、経済的必要性（と思われるもの）の犠牲になってはならない。経済問題などは、例えば歯医者の仕事ぐらいの重要性しかない、専門家の仕事として扱われるべきなのだ。もし経済学者たちが

歯医者と同等のレベルの、へりくだった有能な人びとだと思われるようになれば、それは素晴らしいことだ！」

ケインズはエッセイをこう締めくくっている。

ケインズは「孫たちの経済的可能性」を出してから100年後の2030年には、多くの人びとが豊かになるので、GDPや経済指標など重要ではなくなり、経済以外の「人生における諸技能」を人びとが大切にするようになると考えた。

2010年には先進国で多くの人びとがかなり豊かになり、GDP指標以外に幸福度を計測する尺度を求めるようになった。しかし困窮の問題は消滅していないし、経済問題は依然重要である。経済学者への需要は歯医者さんへの需要以上に大きいように見える。

「孫たちの経済的可能性」というケインズのエッセイは16頁ほどの短いものである。短いながらも、今日のような超GDP指標作成と超GDP戦略構築の時代がやがて到来することを予期していた点で、慧眼の名品と言ってよいのかもしれない。

■ 論文集『ケインズ再訪』の刊行

超GDP指標についての関心が高まったので、ケインズの上記エッセイをもう一度読み直そうということになった。世界の経済学者18人が同エッセイについて書いた15本の論文を収録した本が2008年に刊行されている（"*Revisiting Keynes : Economic Possibilities for our Grandchildren*", edited by Lorenzo Pecchi and Gustavo Piga Cambidge, MA：MIT Press　この中には2人で書いた共同論文もあるので、著者数が論文数より多い）。

15本の論文はそれぞれにケインズのエッセイ「孫たちの経済的可能性」の現代的意義を論じている。この本に収録された中で、1つの論文がケインズ・エッセイの功罪を要約している。15本の論文にほぼ共通する功罪認識なので、同論文の大意を次の「　」内に要約しておく（Gary Becker and Luis Rayo 'Why Keynes Underestimated Consumption and Overestimated Leisure' in op. cit *Revisiting Keynes*）。

ケインズのエッセイは、集約すると、次の6点になる。

「① 1930年から数えて約200年前まで続いていた世界経済の停滞、
②複利計算によって実現する、巨大な所得増大の潜在的可能性、
③技術進歩を生み出すために科学を制御して経済活動につなげることの重要性、
④先進国では最低必要なものを手に入れるだけのためになら、激しい労働をする必要がなくなったこと。
この4点を小論文の中に凝縮して論じていることはケインズの素晴らしい業績である。
しかしケインズの予測には、
⑤論文執筆から100年後の2030年には経済問題が消滅しているだろうと考えた。
⑥長期の経済成長によって消費需要がもう増えなくなり、労働時間が大幅に短縮するだろうと考えた。
……の2点において、大きな間違いがあった。」

80年前に書かれたケインズのエッセイは、このように功罪半ばする評価を受けている。

しかしケインズは、ある程度の豊かさを達成した後は、伝統的な「経済学」（者が主として取り扱ってきたGDPの指標）はその役割が大きく減退し、「もっと大きく、もっと永遠の重要性を持つ事柄」（つまり、個人の所得、資産、健康、教育、人とのつながり、持続可能性などからなる、人びとの幸福度を中心とした超GDP指標のことだと解釈できる）が重要になる時代が来ることを見越していた。

ケインズの深い洞察力は、超GDPの時代に改めて高く評価されるようになったのである。

3　超GDP時代の経済学と経済指標

■ 経済学の本来目標……成長ではなく幸福増大

300年以上、経済学者を虜にしてきた経済規模の大きさに対する崇拝の念は、それから醒めてみれば、異常なものだったような気がする。本来、経済活動の

目標は国の経済規模を大きくすることではなく、多くの人びとを幸福にすることであるはずだ。個人の幸福度増大という最終目標に向けて努力する過程では、中間目標としての国全体の経済規模拡大を重視することが必要な時期もあるだろう。だが経済成長は本来中間目標であって、最終目標ではないことを忘れてはならない。

　GDP成長率を高めることだけに執着するのは、まだ国全体が貧しかった時期に、経済学者が自らに課した目標設定である。国全体の経済規模を拡大するのは、20世紀まで、どの国にとっても最優先の課題だった。しかし21世紀に入った今、必ずしもそうは言えない。21世紀の先進国では、むしろ、GDPだけでは測れない、個人の幸福度増進に着目し、指標を作り、その増進方法を考えるべきだ。そのような考え方に支持が集まっている。

■ 超GDP指標が重要になった5つの要因
　非GDPの新指標開発に支持が集まっているのには、いくつかの理由がある。
　第1に、先進国では、その中身に問題は多いが、GDPで見る限り、既にある程度の「豊かさ」が達成されたことである。
　第2に、国内での所得格差拡大に対する国民の不満が高まっていることが挙げられる。国全体の経済規模拡大よりも、自分の暮らし向きを改善して欲しいと望む声が高まった。
　中国とインドという低賃金の大国が国際経済競争に参入してきたことで、先進国でも単純労働には賃金切り下げの圧力がかかっている。いろいろな形をとった非正規雇用が広がり、職に就いている人びとの間でも格差が大きくなっている。
　格差は賃金だけではなく、医療や年金でも発生し、拡大している。健康保険に入っていない、国民年金の掛け金を払えないといった形で、働く人の安全度、安心度が低下してきている。日本の研究者の間でも、GDP統計には直接表れない、こうした指標をもっと調べ、対策を打つべきだという声が強くなった。
　第3に、人口減少でGDPの拡大が、決して不可能ではないが、困難になってきたことが挙げられる。人口減少の中身は、日米欧でそれぞれ異なるが、こ

れについてはあとで述べる。

　第4に、エネルギー制約である。人類は21世紀に入り、化石燃料から再利用可能エネルギーへの移行を早める必要に迫られている。これに伴う新エネルギーへの投資は、経済活動を長期に維持するための必要な投資だが、短期的には成長率を引き下げる要因である。

　第5に、従来の経済統計では測りにくい「幸福」とは何かについての研究がかなり進んだことである。ここ数年、各国で研究が進展してきたので、幸福度に関する指標群を開発することが不可能とは言えなくなってきた。幸福研究についてはすぐに後述する。

　こうした理由から、アメリカもヨーロッパも2009年から2010年にかけて新指標開発に動き出したのである。

4　進展した「幸福」の研究

　幸福論研究について少し紹介しておく。

　幸福論の研究は1970年代から欧米各国で始まった。政治学、経済学、社会学、心理学など多くの分野から研究者達が、人が感じる幸福感とは何かを論じてきた。その結果分かってきたことは、所得水準が高ければ高いほど人が感じる幸福感が高くなるものではないということである。もちろんある程度の所得があることは幸福感を持つために必要だが、それよりも①その人の教育水準の高さ（人的資本の水準）や②他人や組織とのつながりの強さ（社会的資本の水準）などが幸福感を決める。

■ 説明できない成長原因

　経済学的には、生産性上昇の要因を調べて行くと、労働者の教育水準や熟練度など、よく使われる説明要因を足して集めても、どうにもそれだけでは説明できない部分がある。それが社会的資本（social capital）の水準が上昇したことによる生産性上昇である（大守隆「ソーシャル・キャピタルの経済的影響」宮川公男・大守隆編『ソーシャル・キャピタル－現代経済社会のガバナンスの基礎』所収論文　東洋経済新報社　2004年）。

では社会的資本とは何かが問題になる。人によってそれぞれ少し違う定義をしているが、ここでは、社会的資本研究の先駆者であるハーバード大学教授ロバート・パットナムの定義を紹介しておこう。

「すべての社会において、政治においても経済においても、集合的行為のジレンマが相互利益のために人びとが協力する妨げになっている。(中略) 自発的協力（例えば輪番制信用組合）は、ソーシャル・キャピタルに依存している。一般化された互酬関係の規範と市民的活動参加のネットワークは、離反しようというインセンティブを低め、不確実性を削減し、そして将来へ向けての協力のモデルを提供することによって社会的信頼と協力を促進する。信頼そのものは、個人的特性であるだけでなく、社会システムから生まれてくる特性でもある。個人が人を信頼することができるようになるのは、彼らの行動が埋め込まれている社会的規範とネットワークのためである。」

(Robert D. Putnam 氏の論文を訳された宮川公男氏の訳文を、ここではそのまま再引用させていただいている。宮川公男「ソーシャルキャピタル論」宮川公男・大守隆編『ソーシャル・キャピタル』所収 東洋経済新報社 2004 年)

分かりやすく言えば、人と人をつなぐ信頼関係とそのネットワークが社会的資本である。社会的資本の最小単位は家族である。人的資本と社会的資本の水準を高く保つことが、経済発展を助け、人びとの幸福度を高める。個人の（主観的に感じている）幸福度を調べることは経済発展力を知ることにつながる。

■ **始まっている幸福度調査**

このためカナダは以前から国勢調査の項目に幸福度の調査を入れている。英国も経済の持続可能性諸指標の中に幸福度を入れるようになった (David Halpern *The Hidden Wealth of Nations* Cambridge, UK：Polity 2010 p40)。

デイビッド・ハルパーン氏は、1997 年から 2010 年まで英国の労働党政権で作られた首相直属戦略室において、幸福度や社会的資本を研究し、それを可能な限り実際に政策として実行してきた。政策企画の中心にいたハルパーン氏は、ブレア政権の最大の成果は、米国流の最低限の政府サービス水準からヨーロッパ大陸流の高い公的支出水準にしたことだという自己評価をしている。医療へ

の公的支出をGDPの5％から10％に引き上げたことが最大の成果であり、さらに教育、運輸などでも政府資金の投入で成果を挙げたとしている。

　こうした支出は英国の社会的資本の水準を高めた。時が過ぎてもほとんど変わらない一国の文化的社会的な要素が、その国の相対的な幸福度と、（技術的および制度的な）成長の好機を活用する能力を決める傾向があると、ハルパーン氏は結論している（Halpern, ibid, p53）。

　第二次大戦のさなか、1942年に英国政府はベバレッジ報告と呼ばれる福祉国家計画を作成、福祉国家の大ビジョンを世界に公表した。この報告は福祉国家の大きな見取り図として大変優れたもので、戦後各国で福祉国家を作る際に参照された。今、英国は21世紀の初め、幸福度の高い国家をつくろうと必要な政策を実施してきた。幸福度を計測する指標開発の手法でも、世界をリードしようとしている。政治家達の政策企画能力がこのように高いことが英国の「隠された富（hidden wealth）」だというのが、ハルパーン氏の自画自賛の書物「諸国民の隠された富」の論旨である。

　ハルパーン氏の愛国的な自慢話を全部真に受ける必要はないが、労働党政権下の英国には幸福度増進とその指標作成を本気で考え、実行に移す人物がいたことには注目すべきである。同氏は労働党政権がやり残した仕事で、次の英国首相が取り組むべき課題を10ほど挙げているが、そのうち6つまでが、社会的資本の充実による経済発展政策である。次期英国首相の課題だとしている社会的資本充実のための政策には、人びとが恩返しを積み重ねる経済を作る、不平等を是正する、公共財として消費者向けの情報提供を強めるなどがある（Halpern, ibid p256-264）。

■ 経済学者の提案

　労働経済学者として多くの研究業績があるリチャード・レイヤード・ロンドン大学名誉教授は、ここ10年ほどは幸福論の研究に没頭し、この新分野でも多くの著作を出している。レイヤードは2005年の著作「幸福」の中でこう述べている。

　「税金はわれわれが収入を増やすためにもっと激しい競争に明け暮れるよ

うな生活をするのを防いでくれている。アメリカの経済学者たちが、われわれの労働時間が短く休暇が長いことについてお説教をするのを聞くと、われわれヨーロッパ人はとくに腹が立つ。もっと長く働いたらGNP（国民総生産）が大きくなるのだとしても、われわれはいまの労働時間で満足しているのだ。アメリカ人の所得と比較する人もいるだろうが、そんなことはこれまで大きな問題になっていない。」

　　(Richard Layard, *Happiness* London：Penguin Books 2005 p155–156)

　国全体の経済規模を大きくしなければならぬ、という昔からの強迫観念から脱却しなければ個人に幸福感はないことを説いている。いわゆるアングロ・サクソン型資本主義とそれを支えてきた価値観の功罪は、レイヤード氏によれば今では明白である。

　「さらにいえば、価値観は変わりうるものである。過去40年間でわれわれは、特にイギリスとアメリカでは、ますます個人主義的になってきた。われわれはチャールス・ダーウィンの「適者生存論」とアダム・スミスの「見えざる神の手」を誇張した考え方にいっそう影響を受けるようになった。その結果信頼が低下したことは、多くの文書で立証されている。」

　　(Layard, ibid p232)

　幸福度の増進を研究するために、経済学だけではなく、心理学、医学、教育学、仏教哲学から薬の功罪まで多くの分野の文献を跋渉した上で、レイヤード氏は幸福度増進のための政策について結論を出している。結論部分を大意要約する。

　「①幸福増進度を所得増大度と同じ程度に詳しく観察するべきである。
　②多くの問題をわれわれは考え直す必要がある。税についてはそれが仕事と私生活のバランス（work life balance）を保つのに役立っていることを認識するべきである。業績評価給与についてはそれが仁義なき戦いを生み出す傾向を考えてみるべきだ。人の移動は、それで犯罪が増え、家庭と地域社会が弱まる傾向を考慮しておくべきだ。
　③われわれは途上国の貧しい人びとのためにもっとお金を使うべきだ。（中

略）

④精神病の治療にもっと力を入れるべきである。（中略）

⑤家庭を強めるため、もっと家族に優しいやり方を職場に導入するべきである。弾力的勤務時間、長い育児休暇、託児サービスを受けやすくするなどのことである。

⑥地域社会づくりに役立つ活動に補助金を出すべきである。

⑦失業率を下げるべきである。（中略）

⑧物欲が絶え間なくエスカレートするのを防ぐため、スェーデンが実施しているように、子供向けの広告を禁止するべきである。（中略）

⑨最後に、多分これが最も重要なことだが、教育を改革するべきだ。それには（他の良い表現がないのでこの表現を用いておくが）道徳教育が含まれる（Layard ibid, p233-234）。

「幸福は外部の条件および心の中から生まれる。」

「われわれは社会の目標をダイナミックな経済効率から幸福の追求に方向転換するべきである。」(Layard, ibid p235)

■ 政治学者の提案

政治学の分野から幸福論を研究してきたハーバード大学のデレク・ボク教授はその著書『幸福の政治学』の中で先進各国の政策動向を分析し、近い将来各国が年次幸福白書を刊行するようになるであろうと予測している。幸福増進のために政策で支援するべき分野としてボク教授は①結婚と家庭生活、②活動的な余暇活動、③失業の痛みを緩和する政策、④託児サービス、⑤就学前の教育、⑥安心できる年金制度、⑦国民医療保険、⑧精神病の治療強化、⑨教育……の9項目を挙げている。いずれの分野でも政府支出が必要だが、追加的な支出額はそう大きくはない……と結論している (Derek Bok *The Politics of Happiness*: *What government can learn from the new research on well-being* Princeton, N. J.: Pronceton University Press 2010)。

経済学者が、成長率向上ではなく国民の幸福増進という原点に返る。そのためにまず幸福の指標開発から始めようとしている。20年間もハーバード大学

総長を務めた著名な政治学者ボク氏も、幸福増進のために政府が支出を増やすことを提案しているのである。

■ 日本での研究開始

日本では2009年10月、公式統計としては初めて「貧困率」の発表があり、統計的には約15％（7人に1人）が相対的貧困層に属することが分かった（www.nikkeibp.co.jp/article/news/20091020/189805/）。

2010年4月27日には国民がどう感じているかを聞く世論調査である「幸福度調査」の結果が発表され、幸福度（幸福と感じている人の比率）は65％と、デンマーク84％や英国74％、ドイツ72％より相当低いことが分かった（http://sankei.jp.msn.com/economy/finance/100427/fnc1004271701009-n.htm）。

同年5月には日本ではこの分野で最初の本格的研究書というべき「日本の幸福度」という研究書が刊行された（大竹文雄、白石小百合、筒井義郎『日本の幸福度』日本評論社 2010年）。

しかし日本ではまだこの分野の研究はやっと始まったばかりで、新指標開発から戦略樹立にまで進んでいる欧米に比べ、大きく立ち後れていることは否めない。「日本の幸福度」の編者たちでさえ、同書の目的は「日本人の幸福度に関するこれまでの研究を分かりやすく整理する（中略）。（そのことによって……引用筆者）実はわれわれの人生にとって真に重要である幸福の問題に、真っ正面から向き合うことが可能になると期待する次第である。」という段階にあるからである（前掲『日本の幸福度』はしがき iii）。

欧米諸国は、幸福度を重視する超GDP指標の中に、健康度や教育、社会保障、持続可能性まで入れたものの開発段階に入っている。日本の政府と研究者が指標づくり段階での出遅れを克服し、政治指導者が新指標を生かした新戦略の開発にまで早く進むことを期待したい。

5　新指標開発開始

■ イスタンブール宣言……新指標開発を要求

ペティ、スミス、ケインズと300年も続いてきたGDP崇拝を超えて、新し

い経済政策の目標を考えよう。経済学を個人の幸福増進という原点に復帰させよう。そのためには、まず一国の経済業績と社会進歩を測る、新しい指標を考えようじゃないか、という世界的な動きは、実は2007年から始まっていた。

2007年6月27日から30日まで、トルコのイスタンブールで「社会進歩の計測……統計、知識と政策に関するフォーラム……」という題の国際会議が開かれた。主催したのは、ヨーロッパを代表するEC委員会、先進国クラブである経済協力開発機構（OECD）、国内にイスラム教徒が多い54国が作る協議機関であるイスラム会議機関（Organization of the Islamic Conference）、国連UN、国連開発計画UNDP、世界銀行という6団体で、会議は「イスタンブール宣言」を採択した。

宣言は2ページ弱の短いものだが、内容は濃い。

「伝統的な経済基準である1人当たりGDPなどを超えて、各国で社会進歩の計測を行う必要があることで合意が成立している。」「われわれは、社会の福利（welll-being）とその長期的な進化を観察できるような（中略）、品質の高い、事実に基づく情報を創り出すことを（中略）専門家達に強く要求する。」というのがイスタンブール宣言で最も重要な部分である。

宣言は参加団体と各国の人々が、各国政府に超GDPの新指標を開発するよう、働きかけて行くことを決めた（www.oecd.org/document/23/0,3343,en_21571361_3193849_39161687_1_1_1_1,.00.html および www.oecd.org/dataoecd/14/46/38883774.pdf）。

主催6団体以外にも、国際労働機関ILOや米国の民間団体「米国の現状」など27団体と32人の個人がイスタンブール宣言に署名している。会議の開催地がトルコのイスタンブールであり、国際的なイスラム団体が主催団体の1つになっていいることからも分かるように、超GDPの新指標開発を求めるのは、もはやEC委員会や先進国の識者だけの要求ではなくなっている。国全体の規模拡大ではなく、より平等で個人の幸福度を示すような、社会進歩の指標開発を求める動きは、2007年夏にはすでに大きな国際的運動になっていたのである（残念ながら、日本からはいかなる団体も個人もこの宣言に署名していない）。

■ 政治家の使命……成長ではなく幸福増大戦略の提案

　経済学を研究する人々の最終的な目標は自国の経済規模を拡大し、国を豊かにすることではないはずである。国民一人ひとりの幸福度が大きくなるように、理論を構築し、政策を提案するべきなのだ。経済学者は、旧態依然としたGDP統計の枠組みの中で、怪しげな成長理論やデフレの原因についての論争ばかりしていないで、幸福度増進の方法を研究すべきである。

　政治家にしても同じことだ。政治家はどれだけ高めの成長率目標数字を作れるかを勝負所にするような「成長戦略」ではなく、「幸福増進戦略」のようなものを国民に示し、支持を集め、実行すべきなのだ。考えてみれば、当たり前のことである。

　だが、2007年になるまで、そういうふうに発想を転換できなかったとは、経済学者も政治家もなんと不明なことであろう。

　第2章で詳しく紹介するスティグリッツは、大報告書「スティグリッツ勧告」の発表に先立つ2009年9月初めに、小論文で、経済学者達のこうした古い考え方を「GDPの偶像崇拝（GDP fetishism）」だと指摘している（Joseph E. Stiglitz：Rethink GDP fetishism　http：//host.madison.com/ct/news/opinion/column/guest/article_71fad514-9caa-11de-9a00-001cc4c03286.html）。

■ 新指標開発……すでに7つの試み

　イスタンブール宣言が出される以前にも、新指標を開発しようとする動きはいくつかあった。図表1―7にそれをまとめた。

　EUの一機関である欧州統計局が2005年以降作成している「持続可能な発展指標（SDI, Sustainable Development Indicators）」は、持続可能な発展というEUの大戦略がどの程度実現しているかを検証する目的で作られ、今も指標の改良と開発が続いている。ハーバード大学セン教授の人間能力指標はセン教授の経済思想から出てきたものだが、その時点ではアイデアだけに終わっていた。

　国連は独自に人間能力開発指数（HDI, Human Development Indicator）を作成、国ごとの指数を作り、指数の大小によって長年各国の人間能力開発度を順位付けしている。心理学者などによる主観的な幸福度を重視する手法は、政策当局

図表1—7　超GDP指標開発……2007年までの7つの試み

指標名と提唱者	優れた点	欠点
持続可能な発展指標（SDI, Sustainable Development Indicators）EUが2005年に開発済み。2007、2009年に改訂。	GDPを含む広い対象を取り上げる。	指標が多すぎ（2009年版では189指標）、全体像がつかめない。
能力指標（Capabilities）ハーバード大学教授アマティア・センが提唱。	広い対象を取り上げる。個人の福利と自由について、その基盤に関する堅固な研究に基づく。	概念構築はよいが、指標開発の実績がなく、全体像がつかめない。
人間能力開発指数（HDI, Human Development Index）国連が開発、作成済み。	簡単。途上国には有益な指数。	比重のかけ方が恣意的で、先進国には向かない。
主観的幸福（subjective happiness）心理学者などが提唱。	合計を作る際の困難がない。人びとが重要と思う分野に焦点を当てる。	その指数をどうやって政策に生かすのか不明。予測が困難。「幸福な奴隷」、「不幸な億万長者」が発生する不合理。
修正GDP　一部の経済学者が提唱。	既存GDP統計を改訂する。	改訂の方法は未解決。実用化には合意が必要。
統合指数　経済学、社会学、政治学の学者達が提唱。	経済、社会、政治の広い対象を取り上げる。作製方法が最近改善された。	各種指標への比重のかけ方が恣意的。合計が作成しにくい。
持続可能性の14指標　国連、OECD（経済協力開発機構）、欧州統計局の三者協同開発。	幸福の基礎的（非市場）部分と経済的な部分及び残高と流量の4つに分けて整理。	14項目の詳細分析未了。各指標への比重のかけ方が未開発。

（出典）Beyond GDP by Marcel Canoy and Frederic Leraris, Overview paper for the Beyond GDP conference, Bureau of European Policy Advisers (BEPA) European Commission
http://ec.europa.eu/dgs/policy-advisers/publications/docs/beyond.gdp_overview_paper_en.pdf および www.stiglitz-sen-fitoussi.fr　から筆者作成。

者には向かない。既存のGDPを少し手直しして幸福度をGDPに反映させようと試みた経済学者もいるが、成功していない。

　政治学や社会学の分野から新しい数字を取り込んで統合する試みもあったがうまくいっていない。国連、経済協力開発機構、欧州統計局の三者が合同で経済発展と幸福度を反映する14の指標を提案したが、2007年の段階では考え方

の提示にとどまっていた。

■ 危機における指標開発への関心

　生産高や消費額という金額で計算できるものを大きくすることだけではなく、幸福度を増大させることは、昔から経済学者の関心事であった。先に紹介したアダム・スミスも、物質的な意味が中心だが、福利（wellbeing）の増進を強調している。功利主義思想で知られる18世紀イギリスの思想家ジェレミー・ベンサムの提唱した「最大多数の最大幸福（the greatest happines of the greatest number）」も幸福度増進思想の一種と見られないことはない。このように幸福度増進への関心は、GDPへの関心と同じぐらい古いものである。

　しかし、大不況で経済が大きく落ち込むと、やはり国全体の経済規模はどれぐらいか、今はどれぐらい落ち込んでいるのか、という全体像への関心が高まる。10年も続く大不況下で、アメリカ政府商務省は、まずアメリカ経済の全体像をつかむ必要があったので、イエール大学教授サイモン・クズネッツにアメリカのGDP統計（国民経済計算）を開発するよう依頼した。クズネッツはその後数年かけてGDP統計の開発と理論化を進めた。彼はさらに戦後、世界の諸外国でもGDP統計の開発を指導し、今日のようなGDP統計を中心とした世界の経済指標をつくり上げた。30年代の大不況（Great Depression）がGDPの生みの親だったという言い方ができる。

　2007年夏アメリカの住宅バブル破裂から2009年9月のリーマン・ブラザーズ破綻と、その後の金融危機に至る世界的な景気後退で、一時は世界が1930年代並みの大不況になるのではないかと懸念された。しかし各国の積極的な財政出動で、今回の不況は大恐慌ではなく、約3年の景気後退とその後の長引く後遺症ぐらいで済みそうになってきた。そのため今回の世界不況は、英語世界では大景気後退（Great Recession）と呼ばれることになりそうである。

　英米の有力マスメディアは2010年に入ってからそろってこの呼び名を使い始めたし、そういう題の著作も出始めた。英語世界ではこの「大景気後退」という呼称が定着しそうだと筆者は見ている。

　21世紀初頭の大景気後退を生みの親として、超GDP指標の開発が進んだと

図表1—8　既存GDP統計と開発中の超GDP統計

	既存GDP統計	スティグリッツ委員会の統計開発提案
基本的特徴	すべての生産高を金銭換算で表示	経済と社会の「進歩」を計測。金銭換算できないものもある。
重視項目	国全体の生産高	個人の所得と消費。幸福の度合い。政府が提供するサービスの質。
個人の幸福度	計測せず	各種指標から積極的に計測。
幸福度を測る指標	強いて言えば個人消費額	収入、消費だけではなく、人とのつながり（社会的資本の充実度）。
経済全体の持続可能度	計測せず	残高（在庫、ストック）の変化と温室効果ガス濃度などで計測。
指標の数と特徴	足し算で出てくる総生産額という単一の指標（GDPは、在庫投資分をのぞけば、7項目。すべてを1つの金銭的な数字に足し算する）。	性格の異なる複数の指標なので、単一指標としての集計不能。自動車の計器板（ダッシュ・ボード）に出てくる多くの数字のように、並べて表示、比較して判断する。

（出典）筆者作成。

いう評価を後世の歴史家がするかもしれない。80年前の大不況機に開発が進んだ既存のGDP統計と、今回の大景気後退期に開発が始まった超GDP統計を比較し、図表1—8にまとめた。今後開発される指標は複数で、いくつもの指標を並べて全部見ていく必要があることが特徴である。

スティグリッツ勧告を受け入れてGDP崇拝をやめ、幸福の増進を図るのは、いまではEUの公式戦略である。それに基づく指標開発が進行中である。図表1—9に現在進行中の超GDPの諸新指標開発状況をまとめた。このうち最も重要なスティグリッツ委員会の指標（MEPSP）は第2章で詳しく述べる。

図表1—9にある諸指標のうち、ヨーロッパ2020の目標（targets）はもはや新指標開発の提案ではなく、EU全体の長期戦略の一部である。先に図表1—3で見たように、雇用率や教育などGDPと直接関係のない5分野でEUが全体の数値目標を設定し、各国がそれに合わせた国ごとの目標数字をつくる。実施段階に入っている指標である点が、他の新指標提案とは異なる。

図表1―9　2010年現在開発中の5指標

指標名	スティグリッツ指標 MEPSP 経済業績と社会進歩の計測	ヨーロッパ2020戦略の Headline Targets	欧州州持続可能発展指標計189指標 SDI	米国主要全国指標 KNI Key National Indicators	OECD 経済協力開発機構 SAG
開発内容	古典的GDPを5項目改善。非GDPは、暮らしの質について5指標、持続可能性について9指標の開発を提案。	①20-64歳の就業率75% ②研究開発支出GDP比3% ③再利用可能エネルギー比率20% ④大卒者40%以上 ⑤貧困者3,000万人削減	ここでは10の大項目だけを示す。①社会経済的発展 ②気候変動とエネルギー ③持続可能な運輸 ④持続可能な生産と消費 ⑤天然資源の保全と管理 ⑥健康 ⑦社会への包摂 ⑧人口変動 ⑨グローバル・パートナーシップ ⑩良い統治	新指標開発を法律で決めた。全国科学アカデミーの指導を受けて、民間組織「アメリカの現状」（SUSA、State of the USA）が指標を開発中。	経済よりも社会的な諸指標に重点。Society at a Glance というレポートを随時刊行。
特徴	教育充実をとくに力説。	EU長期戦略の正式目標。	EU戦略の一環。4年ごとに改訂。	全国レベルより地方自治体での開発が先行。	国際比較が可能になるように指標を開発。
開発主体	政府と統計学者への開発勧告のみで、委員会自体は開発せず。	EC委員会	欧州統計局。同局はこの他に国連、OECDと共同で14指標作成を提唱。	全米科学アカデミーが、上記SUSAに委託することを決定。	OECD事務局
開発段階	フランス統計経済研究所が開発中。	目標値決定政策実施中	189指標のうち、40指標は開発努力中。	開発中。うち健康関連20指標は開発済み。	開発済みウェップで公表

（出典）各種資料から筆者作成。

第4節　発展の源泉を計測
　　　—暮らしの質向上がGDP増大にもつながる—

　今までのGDP統計は、GDP国内総生産という言葉が表すように、産出高の大きさを計測するための統計だった。産出高増大が人びとの幸福を増進しているか、或いは逆に不幸を増やしているかを一切考慮せず、ただ金銭に換算した産出高がどれだけ増大したかを計測する。それが約200年続いたGDP統計であった。

　しかし、暮らしの質と個人の視点を重視する新指標はこれとは異なる。暮らしの質を高める上で重要な役割を果たす教育水準や健康度、元気でいられる寿命（健康寿命）などを計測する。こうした指標での数値を高めることは、一見国全体の生産高増大にはあまり関係がないように見えるが、実はそうではない。

■新指標と経済発展の関係

　国民の教育や健康度を高めることが、遠回りのやり方だが、経済を成長させることにもつながる。すでにある程度の高所得に達した先進国では、むしろ教育強化、健康増進や格差是正をしなければ、これ以上経済を発展させるのは難しくなっている。先進国では経済発展の主な源泉が労働投入量の増大から労働者の質の向上に変わってきているのだ。

　したがって、教育水準や健康度などを中心に計測する超GDPの新指標は、先進国における経済発展の源泉を計測し、発展を促進するのに最適である。新指標で表される多くの数値を改善しようと努めることが、個人の幸福度を増やし、更なる経済発展を生み出すのだ。途上国にとってはGDP統計が経済成長を促進し、更なる成長促進に官民が努力する上で最も有益な指標である。それと同じように、或いはそれ以上に、新指標は先進国にとって今後の経済発展を促進する、有益で、実用性のある指標なのである。

　この節では、そのことを説明する。要するに言いたいことは図表1—10で示したような経済発展と諸指標のつながりである。

図表1—10　新指標と経済発展の関係

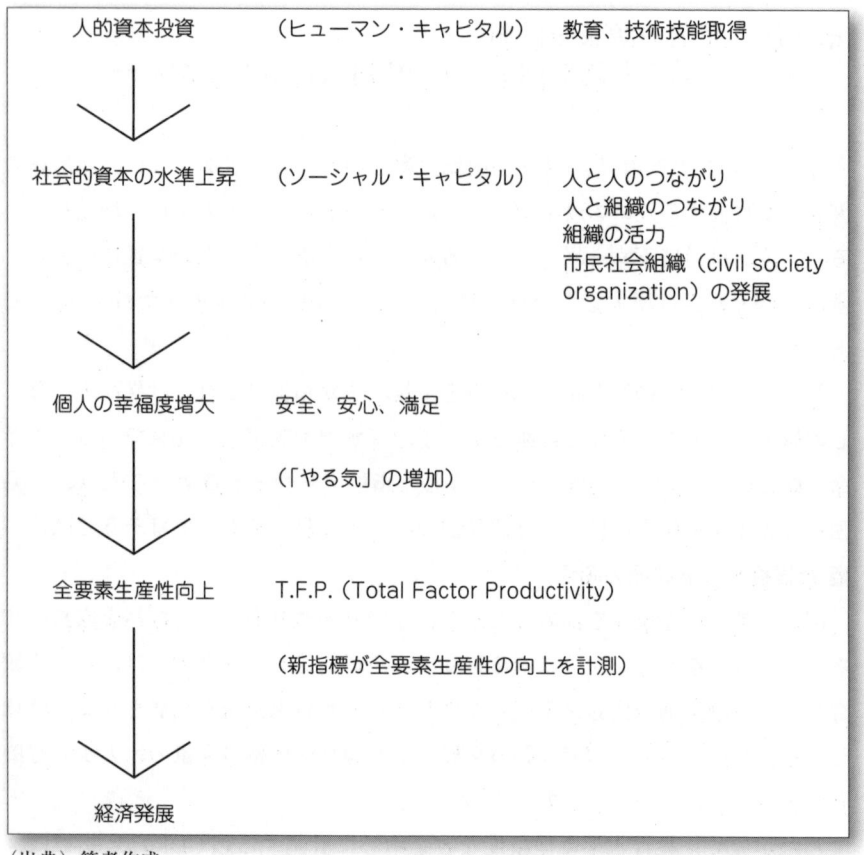

```
人的資本投資         （ヒューマン・キャピタル）    教育、技術技能取得
    ↓
社会的資本の水準上昇   （ソーシャル・キャピタル）    人と人のつながり
                                              人と組織のつながり
                                              組織の活力
                                              市民社会組織（civil society
                                              organization）の発展
    ↓
個人の幸福度増大       安全、安心、満足

                   （「やる気」の増加）
    ↓
全要素生産性向上       T.F.P.（Total Factor Productivity）

                   （新指標が全要素生産性の向上を計測）
    ↓
経済発展
```

（出典）筆者作成。

　人的資本投資をする（公的な教育を強化する）ことが社会的資本の水準を向上させる。高い水準の社会的資本が幸福度を増やし、全要素生産性を向上させる。全要素生産性の向上で経済が発展するという関係がある。スティグリッツ勧告が重要だと指摘している新指標は、全要素生産性を構成する諸要素と重複している部分が多い。このため先進国で今後の経済発展政策を検討しようとすると、スティグリッツ委員会が指摘したような諸指標が大いに参考になる。
　このつながりを説明するために、成長会計と言われる考え方を説明する。少

し理屈っぽい話になることを理解していただきたい。

■ **労働力投入量増大に頼る成長（途上国）**

21世紀に入ってから、中国やインドという発展途上の人口大国は高めの経済成長で快走を続けている。だが先進国にとって高めの経済成長を政策目標にすることは困難になってきた。それは主として2つの理由からである。

1つは人口要因である。一国の総生産高は次の式で表すことができる。

　　総労働投入量（A）　×　1人当たり生産高（B）　＝　総生産高（C）

中国やインドでは（A）の労働力人口が増加中なので、1人当たり生産高（B）が増えなくても（つまり労働生産性上昇率がゼロでも）答えの総生産高（C）は増大する。労働投入量が増大しがちなので、経済成長率は高めになりやすい。

だが先進国（アメリカを除く）は事情が違う。

この掛け算（A）×（B）＝（C）で、最初の項目である（A）の労働投入量が減少し始めている。その原因は、労働投入量を決める最重要な要因である労働力人口が減り始めているからである。それでも総生産高の（C）を増やそうとすると、（A）の減少率以上に労働生産性である（B）を増大させるしかない。しかし、企業はいつも労働生産性上昇に努めているので、1人当たり生産高を、そう急に増やすことは出来ない。このため総生産高（C）には減っていこうとする力が働く。

このように人口減少は経済規模の縮小をもたらしがちである。規模縮小に向かう力が働くので、経済成長率はゼロか或いはマイナスになりがちである。したがって、労働力人口増大下では高めの経済成長を達成しやすいが、労働力人口減少下で高めの成長率を政策目標にすることは得策ではない。

■ **部門間の人口移動**

経済が成長するもう1つの要因は、国内における部門間の人口移動である。

国内労働人口が増えなくても経済的産出高を増やす1つの方法は、労働力を低生産性部門（例えば農業や石炭産業）から生産性の高い部門（例えば電子機器製造業や自動車産業）へ移すことである。そうすると、従来と同じ量の労働

を投入しても、国全体の生産量は増え、経済は成長する。

中国やインドでは農業人口の減少と工業労働者の人口増大が起きている。このため、仮に国全体の労働力人口が全く増えなくても、部門間の労働力移動だけによっても、生産高が増える力が働いている。しかし日本をはじめ多くの先進国では、農業部門から生産性の高い製造業や情報産業への労働力の移動が、もうあらかた完了してしまっている。

もちろん製造業の内部でも、生産性の低い部門から高い部門へ労働力を移し、国全体の生産高を増やすことができる。だが、工業部門内でそのような労働力人口の移動を大規模に起こして成長率を引き上げられるほど、雇用吸収力の高い製造業や情報産業は少なくなってきている。部門間移動で経済成長を高めることは、先進国では難しくなってきている。

労働力人口は減っているし、部門間のヒトの移動もそう活発ではない。このように、人口面からは、先進国では経済成長率を高めに維持することが困難になってきている。

■ それでも日本経済は成長している

日本の数字を取り上げよう。近年の日本経済を「失われた10年」とか、20年とか言う人が多いが、それは誤解を招きやすい言葉である。

第1に、ある期間にGDPが大きくなったかどうかだけを基準にして、あまり大きくならなかったら「失われた」と考えるのは間違いである。GDP崇拝から脱却し、人間の幸福度がどれだけ増進したか、或いは将来の増進につながるような社会の「進歩」があったかどうか。そのような視点から、この10年、20年を見る必要がある。超GDPの視点で見れば、この10年日本では良いこともかなりあったことが見えてくるはずだ（良くないこともちろんあったが）。

第2に、GDPの基準だけで見ても、この10年間、或いは20年間、全く成長しなかった訳ではない。成長しているのだ。（2009年は世界不況の影響でマイナス5.2%という異例の年だったので除くと）日本経済（国内総生産、GDP暦年、名目値）は1989年の410兆円から2008年の505兆円へ、20年で23%も拡大（成長）している。10年前との比較で見ても、2008年の経済規模は1999年の498兆円

より（1.4％ではあるが）大きくなっている。この間、労働力人口が減り（生産高縮小要因）、1人平均年間総労働時間が2,055時間から1,836時間へ、20年間で11％減少し（同様に生産高縮小要因）、総人口も減っている（国内市場縮小要因）にもかかわらず、である。

なぜだろうか。

そこで全要素生産性の話をする必要が出てくる。

■ 労働力の質の向上に頼る成長

経済を巡って先進国で起きているもう1つの変化は、経済成長をもたらす主要な要因が昔とは違ってきているという事情がある。それは経済成長率の半分ぐらいを、全要素生産性の上昇に頼るようになったということである。

全要素生産性を簡単に説明したい。生産は労働力の投入と資本設備があって起きるので、労働と資本が重要な「生産要素（Factor）」になる。生産増加には労働力の投入量増加と資本設備の投入量増加も必要だが、それだけではない。投入する労働の質を高めることも必要である。それには頭脳力の向上とか、共同行動で能率を上げるとか、いろいろなことがある。

これを式にすると、次のようになる。

　　　生産増加　＝　労働力投入増加　＋　資本設備増加　＋　アルファ

この式を生産関数という。この「アルファ」が全要素生産性で、アルファに注目するのが全要素生産性重視の政策である。

生産が増えた原因を分析して行くと、労働投入増加をしていないし、設備を増やしてもいないのに、生産が増えている場合がある。場合があるというより、実は企業活動ではそのような増加をしているのが普通である。

同じ人間が同じ時間数、同じ機械を動かしているのに、なぜ生産が増えるのか。それは右の式のアルファが増えたからだ。ではアルファとは何か。それは人が以前より効率よく働けるようになる、あらゆる要因である。これを全要素生産性（TFP, Total Factor Productivity）と、経済学では呼んでいる。

生産効率の向上に影響する、資本や労働（生産要素）の投入量増加以外のあ

らゆる要素であるため、「全要素」という。あらゆる要素なので、本当に多くのものが入ってくる。労働者の学歴、勤続年数、職場の人間関係、労使関係、男女の性別、現場での訓練、家庭環境などで、こうした要因がそれぞれどれだけ生産増加に役立ったのかを計算する研究分野もある。諸要素のうちで、やはり最も寄与度が高いのが、教育である。

　教育への国家投資で労働者の学歴を高め、医療サービスの向上で働く人の健康度の改善（労働力の質の向上）を図る。それらの政策が実施されることによって、全要素生産性が向上する。

　充実した年金制度を確立し、老後の不安のない職場にすることも勤労意欲を向上させる。要するに、公的な教育までを含めた、広い意味での社会保障を充実し、安心して働けるようにすることが、全要素生産性を上昇させる。

　日米欧の経済成長率（の実績又は予測）とそれぞれがどの程度、全要素生産性向上に依拠しているかを比較した図表1―11から図表1―19を順に見ていこう。

■EUの全要素生産性上昇

　まずEUを見る。2020年までEU全体では年平均2.4％の成長をするとEC委員会では予測しているが（図表1―11）、2.4％成長のうち半分近く（46％分）は全要素生産性の上昇（年平均1.1％）で達成する見通しである。

図表1―11　EU2007年から2020年にかけての全要素生産性の比率

	経済成長率予測A	全要素生産性上昇率予測B	B/A
EU27	2.4	1.1	46％
ユーロ圏	2.1	0.9	43％

（出典）EC委員会「2009年高齢化白書」

　図表1―12で成長率の内訳をさらに詳しく見る。

　一国の経済が大きくなるのは、1人当たり生産量（労働生産性）が大きくなることと、働く人の数（労働投入量）が増えることによってである。労働投入量をLで表し、生産量をPで表そう。この約束で、一国の生産量を式にすると、

第 1 章　超 GDP 指標開発の時代

$$P/L \times L = P$$

となる。

このように経済成長を寄与要因に分解して考える際に用いる、図表1—12のような方式は成長会計と呼ばれる。

図表1—12　2007-2020年ヨーロッパ経済成長の源泉

	EU27	ユーロ圏
a GDP成長率	2.4	2.1
b 労働生産性上昇率	1.9	1.5
c 全要素生産性上昇率	1.1	0.9
c/a 全要素生産性への依存率	(46%)	(43%)
d 資本装備率上昇率	0.8	0.6
e 労働投入量増加	0.5	0.6
1人当たりGDP成長率	2.0	1.6

a = b + e, b = c + d　という関係にある。
（出典）EC委員会「2009年高齢化白書」
　　　　European Commission *The 2009 Ageing Report* p101-106
　　　　http://ec.europa.eu/ecenomy_finance/analysis_structural_reforms223_en.htm

成長会計でEU27の経済成長を見ると、2020年までの経済成長率2.4％のうち、1.9％を労働生産性の上昇で達成し、残りの0.5％分は労働投入量の増大（より多くの人が働くこと）で実現する、という計算になっている。

労働生産性がなぜ上昇するのか。これは、2つの要因で起きる。1つが、これまで述べてきた全要素生産性（TFP, Total Factor Productivity）の上昇で、もう1つが資本装備率の上昇（capital deepening）によってである。

資本装備率の上昇とは、労働者1人当たりで取り扱う機械設備を増やすことである。この数字は比較的計算しやすい。これに対し、全要素生産性の計算は容易ではない。

習熟度や知的水準の向上、さらには職場環境の改善や家庭環境の向上によって、労働者が今までより「やる気」を増やし、同じ時間働いても生産量が増え

るようになる。或いは良いものが作れるようになる。こういう、いわば頼りない、こまごました、増産への寄与度がすぐには計算しにくい、あらゆる要因（全要素生産性の向上）を頼りにして、今後10年間、EUは経済成長を実現しようとしている。全要素生産性の上昇率は年1.1％で、年率2.4％と見られる今後10年の経済成長を引き起こす諸要因の中で、最大の要因である。

■ EU の移民受入れ能力は低下

　EC委員会は、経済成長を引き起こす要因の中では比較的計算しやすい労働投入量の増加を、2020年まで年率0.5％と見込んでいる。

　年率わずか0.5％でも労働投入量が増加するのは、あと10年はEUが移民を受け入れた効果が出る（と見ている）からである。移民受入れのペースが落ちる2020年以降を見ると、図表1―13のように、EUの労働投入量はマイナスに転じる。EU27国の労働投入量は2021年から30年まで年率マイナス0.2％で低下し、2031年からの10年ではマイナス0.4％と、労働投入量の減少率が倍になる。

図表1―13　EUの経済成長率と労働投入量伸び率

		2007-2020	2021-2030	2031-2040	2041-2050	2051-2060
EU27	経済成長率	2.4	1.7	1.4	1.3	1.3
	労働投入量伸び率	0.5	－0.2	－0.4	－0.4	－0.4
ユーロ圏	経済成長率	2.1	1.7	1.3	1.3	1.6
	労働投入量伸び率	0.6	－0.2	－0.4	－0.4	－0.3

（出典）前掲 *The 2009 Ageing Report*

　年率マイナス0.4％の労働投入量減少が2060年まで続くが、それを全要素生産性の上昇で補って、年率1.3％から1.7％の成長を、50年後の2060年まで続けるとEC委員会は予測している。

　しかし、2020年までは労働力投入量が増大するが2020年以降は微減にとどまるというEC委員会の予測はやや楽観的に過ぎるかもしれない。労働投入量

予測の前提になっている移民受入れが、予測通りの水準で続くかどうか不確実だからである。特に2020年以降になると、労働投入量の減少が年に0.2％程度で済むという予測は、怪しいものだと思われる。在来のEU諸国民の間で移民に対する反発感情が高まっているからだ。

図表1―14　EU25国　人口見通し2050年

2004年1月 EU25人口　A	2050年までの変化			2050年移民を受け入れた予測人口 A＋D＝E	2050年移民なしだった場合の人口 A＋B＝F
	在来人口 B	累積純移民 C	人口変化 D＝B＋C		
4億5,631.5万人	4,835.1万人減少	3,971万人増加	864.1万人減少	4億4,871.4万人	4億0,900万人

（出典）2009.4刊　*Ageing 2009*　European Commission　2050年見通し

　図表1―14でEUの総人口と年間移民受入数の長期的な予測を見る。EU25国（EU27国から2007年に加盟したブルガリアとルーマニアを除く）の総人口は2004年の4億5,631万人が2050年には4億4,871万人へ760万人減少する。しかしそれはこの間に累積で3,971万人もの移民を受け入れるから、760万人の減少（2004年の人口比約2％の減少）で済みそうだということである。

　もし2050年まで移民が全くないと、2050年の人口は4億0,900万人と、2004年比約10％も減少してしまう。2050年までに人口が2％ほどしか減らないというEUの人口予測はかなり高水準の移民受入れが続くという前提で成り立っている。

　図表1―15で、2060年まで10年ごとに、EU27国の人口予測を見た。これによると2040年までEUは（毎年数は減って行くが）年100万人以上の移民を受け入れる。それだけ移民を受け入れてもEU人口は2040年に5億2,010万人でピークを打つ。移民受入れが年百万人を切る2040年以降は人口総数が減少、減少のペースを加速させて行く……という見通しになっている。

　EUの人口増加において重要な要因である移民受入数が減少するにつれ、EU人口は増加の勢いを失う。移民を除く在来のEU人口だけだと、図表1―

図表1―15　EU27の長期人口予測

EU27人口　単位：百万人

年	2008	2010	2020	2030	2040	2050	2060	総人口の変化（％）
総人口	495.4	499.4	513.8	519.9	520.1	515.3	505.7	2020/2008 = 3.7
移民純受入数 (1,000人)	1,684	1,563	1,253	1,093	1,005	924	804	2060/2020 = − 1.6
労働力人口 (15-64歳)	333.2	335.0	331.9	321.9	307.8	299.4	283.3	2060/2008 = 2.1

（出典）EC委員会
http://ec.europa.eu/economy_finance/publications/publication13872_en.pdf

14のように2050年までに4,835万人も減少してしまう。

　問題なのは、近年各国で反移民感情が高まっているので、今後の移民受入数がEC委員会が予測しているほどの水準には達しない可能性が高いことである。

■ **外国人嫌いが増大**

　「外国人に隣に住み付かれるのはいやだ」と訴える人の比率がヨーロッパ各国で増えている。1980年代末から2000年代末にかけての10年間での外人嫌い増加はデンマークでは3％から7％へ、フランスでは5％から9％へ、スペインでは10％から19％へ、いずれもほぼ倍増している。南部を中心にアラブ人とアフリカ人の移民が急増しているイタリアでは外人嫌いを表明する人の比率が6％から16％へ10ポイントも増えている（David Halpern *The Hidden Wealth of Nations* Cambridge, UK：Polity 2010 p79）。

　移民受入れはEU各国で経済成長率を押し上げてきた。イギリスでは過去10年間移民が働くことで毎年0.25％分経済成長率が高くなったという試算がある（Halpern, ibid p71）。EU各国でも移民の経済成長への貢献度はほぼ同程度と見られている。

　年2％の成長も覚束なくなっているEU各国にとって0.25％は成長率の1割以上であり、かなり大きい経済成長の源泉である。人口が減少するEUで移民は貴重な経済資源だという側面がある。

　それでも文化、宗教、慣習などさまざまな原因で欧州社会に溶け込まない移

民の中には犯罪を犯す人も多く、フランスやイタリアでは時折暴動さえ発生している。ヨーロッパ主要国の首都には、(アフリカ人やアラブ人、トルコ人を中心とした) 外国人が住む貧困地区が必ずある。イスラムの女性がブルカと呼ばれる顔をすっぽり覆う布をかぶって登校することを禁止する動きが各国で広がり、どの国でも反移民、反外国を唱える右派勢力が支持を集め、議席を増やしている。在来の EU 諸国民が反移民感情を強めているので、その国民感情は今後各国の移民受入れ政策に反映されて来るであろう。

■ **イスラムへの反発**

英国「ファイナンシャル・タイムス」紙の論説委員クリストファー・コールドウェルは、EU 各国が主としてイスラム教徒の移民を受け入れてきたことで生じた紛争と対立を詳しく分析した著書を出している。その結論部分はこうである。

「ヨーロッパがイスラムとの間で抱える問題は、もっと一般的には移民との間で抱える問題は、(移民がつくり出す) 最も強い共同社会は、文化的に言えばヨーロッパの共同社会では全くないということである。(中略)」

(Christopher Caldwell *Reflections on the Revolution in Europe*：*Immigration, Islam and the West* London：Doubleday 2009 p349)

「今のところ、明白な人口上の原因と、そう明白ではない思想的な原因で、イスラムが競争で優位に立っている。」と、コールドウェルは移民受入れが続くことを予想している。

しかし、コールドウェルは、「もし新参者にわれわれの価値を尊重する意思がないのなら、西洋社会がそんな連中を受け入れる義務はない。」という、英国の著名な新聞編集者マックス・ヘイスティングスの言葉を引用し、移民制限を強く提唱している (Caldwell, ibid p345)。

■ **移民受入れによる労働投入量増加**

EC 委員会は移民受入数を年 168 万人 (2008 年実績) から少しずつ減らし、2060 年には受入数を 80 万人にするという前提で労働投入量を計算し、経済成長の予測をしている (前掲 European Commission *The 2009 Ageing Report* p39)。

EC委員会が作った今後の移民受入れ予想数字を図表1―14、1―15に示した。実際の移民受入数はこの数字を下回り、その分だけ経済成長率を引き下げる可能性がある。世論の動きから見て、各国政府は今以上に移民受入れを制限しようとする方向に動くであろう。EC委員会が経済予測の前提にしているような規模で移民受入れが今後も続くかどうか、きわめて疑わしい。むしろ、移民規制の世論に押され、人口は予測を上回るペースで減少する。この結果、EUの経済は成長せず、縮小（マイナス成長）になることさえあり得る。EU経済の長期的な将来は、そう見ておいた方がよさそうだ。

■ 高所得国ほど全要素生産性上昇率が高い

図表1―13で見たように、EC委員会は2020年までは移民流入にも大いに支えられ、労働力投入量の伸びが続くと見ている。しかし、移民による労働投入量増加が、EC委員会が考えているほどには当てにできないとすると、やはり重要なのが全要素生産性の上昇による成長である。図表1―16で、EC委員会が行った、国ごとの2020年までの全要素生産性上昇率予測を見た。

この表で気が付くのは、すでにある程度の高所得と高い教育水準を達成した国ほど、全要素生産性の上昇に対する依存度（表中で右端のb/a%の項目）が高いという傾向が、全体としては見受けられることである。デンマークやドイツは今後の経済成長の6割を全要素生産性の上昇で達成しようとしている。高水準の福祉と教育を誇るオランダやフィンランドなども、全要素生産性上昇に対する依存度が高い。

これに対し、EU内では低所得国であるスペイン、ブルガリア、キプロスなどは、2割から3割で、全要素生産性の今後の上昇に対する依存度が低い。低所得国では全要素生産性があまり高まらず、むしろ労働力投入量の増大などで、生産を増やしてくる可能性がある。

あとで述べるように全要素生産性を高く保つことに寄与する最大の要因は、教育水準である。いったん達成した教育水準はそう簡単に低下するものではない。高い教育水準を生かし、さらに信頼関係や自主的活動など、全要素生産性向上を生み出す諸要素を高めることが、可能である。このような経路で、全要

第1章　超 GDP 指標開発の時代

図表1—16　EU 国ごとの潜在成長率と全要素生産性上昇率予測

期間はいずれも 2007-2020 年　年平均%

国名	潜在経済成長率 a	全要素生産性上昇率 b	b/a（%）
ベルギー	2.3	1.0	43
ブルガリア	4.4	1.3	30
チェコ	4.0	2.4	60
デンマーク	1.8	1.1	61
ドイツ	1.7	1.0	59
エストニア	5.0	2.2	44
アイルランド	3.8	1.2	32
ギリシア	3.1	1.2	39
スペイン	3.1	0.7	23
フランス	2.0	1.0	50
イタリア	1.6	0.6	38
キプロス	3.7	1.0	27
ラトビア	5.0	2.4	48
リトアニア	5.0	2.2	44
ルクセンブルグ	4.2	1.0	24
ハンガリー	2.9	1.4	48
マルタ	2.6	1.3	50
オランダ	1.9	1.1	58
オーストリア	2.1	1.1	52
ポーランド	4.3	1.6	37
ポルトガル	1.8	0.8	44
ルーマニア	4.9	2.1	43
スロベニア	3.7	1.6	43
スロバキア	5.3	2.8	53
フィンランド	2.6	1.6	62
スウェーデン	2.5	1.3	52
英国	2.4	1.2	50
EU27	2.4	1.1	46
ユーロ圏	2.1	0.9	43

（出典）前掲　*The Ageing 2009 Report* p102, 103

図表1—17　EU主要国の全要素生産性上昇率実績

	労働生産性上昇率a	うち全要素生産性上昇率b	b/a
フィンランド	1.9	2.0	105%
フランス	0.9	0.3	33%
ドイツ	0.9	0.6	67%
イタリア	−0.1	−0.5	—
オランダ	1.7	0.9	53%
スペイン	−0.3	−0.3	—
スウェーデン	1.5	0.8	53%
イギリス	1.6	0.5	31%
（米国）	1.4	0.9	64%

（出典）Centre for European Reform *The Lisbon Scorecard X : The Road to 2020*
Written by Simon Tilford and Philip Whyte p17
www.cer.org.uk/pdf/rp_967.pdf2000-2008年実績（年平均％）

素生産性が既に高い水準にある国ほど、今後それがさらに経済成長に寄与してくるという関係があるからだと考えられる。

2000年から2008年までのEU主要国における全要素生産性上昇実績を、図表1—17で見た。いくつかの特殊要因のため数字にばらつきはあるが、2000年以降、高い（年率1.4％以上）労働生産性上昇を達成した国はその半分以上を全要素生産性上昇によって達成している（英国を除く）。

■ アメリカでも全要素生産性の比重が増大

図表1—18はアメリカにおける2008年までの全要素生産性上昇実績を見た。

アメリカの議会予算局は、成長会計での計算方法に従って、経済成長の要因を労働投入、資本投入（或いは資本装備率の上昇ともいう）、全要素生産性上昇の3つに分けている。この分け方は諸外国と同じだが、アメリカの場合、成長要因のうちで全要素生産性上昇率の比重が再び高まるのは1982年以降である。21世紀に入ってからの経済成長に占める全要素生産性上昇の寄与度は52％に達し、半分を超えている。

アメリカの将来はどうだろうか。

2020年までの経済成長予測を2010年の大統領経済報告が行っており、成長

図表1—18 アメリカの経済成長率と全要素生産性上昇率（1950-2008年）

		1950-1973	1974-1981	1982-1990	1991-2001	2002-2008
成長率への寄与要因	a 労働投入 b 資本投入	1.0 1.1	1.6 1.3	1.2 1.3	0.8 1.4	0.7 0.8
	c 全要素生産性上昇率	1.9	0.7	0.9	1.1	1.6
経済成長率 d	d = a + b + c	4.0	3.5	3.4	3.3	3.1
全要素生産性上昇率の寄与度	c/d%	48	20	26	33	52

（出典）http://www.cbo.gov/ftpdocs/100xx/doc10014/03-20-PresidentBudget.pdf p31

要因のうちの全要素生産性の上昇率予測を議会予算局が行っている。両者を合成したのが図表1—19である。

ここでは大統領府は4％程度の高い成長率が今後数年続く（全要素生産性上昇率は予測していない）という楽観的な見通しを出しているが、議会予算局は今後10年間全要素生産性は年率1.3で上昇し、10年間変化しないという、これも非現実的な予測をしている。大統領と議会予算局は異なる前提を置いているので、この予測数字を比較検討してもあまり意味がない。しかし、成長率低下に伴い、全要素生産性上昇率の比重が今後も増して行くという傾向は見て取れる。

最後に日本はどうか。菅内閣の新成長戦略に対する付属文書として、内閣府は、2010年6月22日、「経済財政の中長期試算」を発表している（図表1—20参照）。そこでは経済成長率が2％を少し上回る程度に回復するが、全要素生産性上昇率は2009年の0.9％上昇から徐々に上昇、2020年には1.9％上昇にまで回復、それからは安定するという数字を作っている。

これは2％強の成長に復帰することを前提にして全要素生産性の上昇率をはじいた機械的な計算で、そう意味のある数字ではない。しかし、2％成長という数字を達成するためにも、日本はますます全要素生産性の上昇に頼らざるを

図表1—19　アメリカの経済成長率と全要素生産性上昇率予測

	実質経済成長率 a	全要素生産性上昇率 b	b/a 比率%
08年実績	－1.9	1.3	—
09年推計	－0.5	1.3	—
10年予測	3.0	1.3	43%
11	4.3	1.3	30%
12	4.3	1.3	30%
13	4.2	1.3	31%
14	3.9	1.3	33%
15	3.4	1.3	38%
16	3.1	1.3	42%
17	2.7	1.3	48%
18	2.6	1.3	50%
19	2.5	1.3	52%
20	2.5	1.3	52%

（出典）実質経済成長率予測は2010年大統領経済報告p15。
　　　　全要素生産性上昇率は米国議会予算局の2010年1月予測。

得なくなる（2020年の成長率予測2.3%のうち83%分までが全要素生産性上昇による成長という試算数字）という傾向を示している点では意味のある数字である。

■ 民富の時代の新指標

　国富増大（国全体の経済成長）から民富増大（個人の幸福度増大）へと、欧米は政策の軸足を移し始めている。

　個人の幸福度増大と人口減少下での経済発展という一石二鳥の効果を持つのが全要素生産性の向上である。新指標は健康度や教育水準などの計測に重点を置いているので、新指標が開発され、定着すれば、全要素生産性の向上度より良く計測できるようになる。

　世界で最も急激に人口が激減している21世紀の日本では、もはや2%強という高めのGDP成長率を目標にするのは無理がある。無理な数値目標を達成するために経済政策を考えたりしない方が良いのではないか。成長率は結果であって、目標ではない。日本は欧米以上に、全要素生産性を上昇させることに

第1章　超GDP指標開発の時代

図表1—20　日本の実質成長率予測と全要素生産性予測

	実質経済成長率 a	全要素生産性上昇率 b	b/a %
2008	− 4.2	0.9	—
09	− 2.0	0.3	—
10	2.6	0.3	12
11	2.0	0.46	23
12	2.6	0.62	24
13	2.4	0.78	33
15	2.1	1.10	52
20	2.3	1.9	83
23	2.4	1.9	79

（出典）　2010年6月22日　内閣府「経済財政の中長期試算」のうちで「成長戦略シナリオ」の場合。

（注）　この試算は全要素生産性上昇率が2020年度にかけて徐々に上昇し、2020年度に1.9に達した後は横ばいという予測をしている。このため2010年度の0.3から20年度の1.9まで、毎年同じ0.16ポイントの上昇率加速をするという前提で筆者が2011年度以降の全要素生産性上昇率の数字を作った。
　　　つまり、内閣府の数字から、(1.9 − 0.3)÷10 = 0.16で毎年0.16ポイントの全要素生産性上昇という数字を作り、この表に入れた。

焦点を当てた、教育、環境投資と社会保障支出を行うべきなのだ。これについては第3章で述べる。

第5節　指標と統計が社会をも変える

■ いつも目にする統計の感化力

　数字になった指標と、指標を時系列で並べて作る統計は、多くの人が思っているより、ずっと大きな力を持っている。この本で何度も登場するコロンビア大学のスティグリッツ教授は近著「フリーフォール（自由崩落）」の中で、「人は誰も毎日見ている数字を大事だと思うようになるものだ」と指摘している(Joseph E. Stiglitz *Free Fall* p283　原文は What you measure is what you value. である。 New York：W.W.Norton 2010)。GDPに関係する数字だけを見ている経済学者や政治指導者に対する、きわめて重要な警告である。

政治家も、内心では「自分はいわゆる道路族ではない、独立した政治家だ」と強く思っていても、道路族議員の会合に出て、道路に関係した統計をしょっちゅう見せられていると（さらに、建設工事の関係企業から政治献金をもらったりすると）、すぐに本物の道路族議員になってしまう。

　改革の旗を掲げた政治家も、成長至上主義者の官僚たちに書いてもらった「新成長戦略」と目標成長率を掲げていると、自分がかつて批判し、敵対してきた市場原理主義者たちと同じ罠に落ちてしまう危険性がある。指標と統計が持つ力は誠に大きい。数値目標はひとたび発表すると、政治家も官僚もそれを達成するために努力せざるを得なくなるからである。

　GDPに関連する統計数字を政策目標にしてしまった場合、もう1つの大きな問題が発生する。それは政治家本人も有権者も、GDPには現れない、他の重要な課題に目が向かなくなってしまうことである。見落とされてしまう重要な政策課題の代表例が、医療、教育、地球温暖化防止である。

　大規模な列車事故や中程度の地震で多数の死傷者が出ることは人間の幸福度を大いに減少させる。しかしその不幸はGDPには現れない。むしろGDPしか考えたことのない経済学者は「復興特需は数100億円。これでGDPは0.1%押し上げられる」といった具合に、不幸もGDP成長の機会として捉えがちである。普段から、個人の視点に立って幸福度を考える習慣がないからだ。

■ 試験問題の持つ教育力

　少し私事を話させてほしい。

　私は立教大学経済学部で、少人数の学生たちと英文のテキストを読み進める講義をしている。企業は新卒学生に高い英語力を要求するようになっているからだ。

　講義の内容は、英語の表現やその背景についてが半分、もう半分はテキストに書いてあることの経済学における意味や関連する事項についての、説明と討論である。大体半分ずつの比重にしているので、それにより受講者が英語と経済の両方で同じぐらい力がつくのではないかと期待している。

　しかし仮に私が毎週、最初の10分、前週に読んだ箇所の中から英単語の試

験をしたらどうなるだろうか。落第したくないので、学生たちは英語の単語だけを一生懸命暗記し、単語力が向上するだろう。しかし経済理論の理解や経済事情についての知識はあまり伸びないかもしれない。これは教育においても、「計測しているものが大事になってくる」という、一種の「法則」のようなものが貫徹するからである。

結局、英語力と経済問題への理解力の両方を身につけさせようという私の講義目標を達成するには何をすればよいのか。それは英語力と経済知識、経済理論のそれぞれを評価できるようなバランスの取れた講義と討論を授業で行い、そのような試験を行うことだと思う。

■ GDPと超GDPのバランス

GDP指標と超GDPの使い方も同じようなことではなかろうか。両者を共に眺めて、バランスの取れた判断力を政治家が持つことが、最も大切なのである。

今の自分の健康度、健康でいられる寿命、教育と自習による知識の前進。精神の安定。こうした個人の幸福にとって最も大事な項目は、GDPに直結しないので、それらを重要視する経済学者や政治家はそう多くない。あまり研究もされていない。2010年夏の猛暑は日本人の長期的および短期的な健康にどんな影響を及ぼしたのか。予想される平均寿命への影響は……。これらをそう時間をかけずに調べられるような指標や統計シリーズはまだないようである。

一方、本来は1年間の生産額を示す統計であるGDPは、近頃は月次GDPの計算まで民間の調査会社が発表するほど、予測数値がしょっちゅう発表され、景気動向がほとんど瞬時に分かる。これは経済学者たちの研究が国富偏重で、個人の幸福度測定という重要な分野に対する研究者の頭脳資源の配分が間違っていることの現れではないのか。

■ GDP統計に欠けている4指標群

GDPで見落としている重要な指標群をスティグリッツは、①個人の暮らしぶり、②経済発展の持続可能度、③健康と教育、④人とのつながり (connectedness) であるとしている (Stiglitz, ibid p285)。

健康サービスと教育提供は、広い意味では社会保障であり、人とのつながり

は、先に述べた、ある国における社会的資本の水準である。

　GDP大国のアメリカは医療サービスは総金額と1人当たり金額こそ世界1位だが、高価な医療サービスがアメリカ人の健康にもたらしている成果はきわめて低い。乳幼児死亡率が先進国中で最も高い。低い方が良い数字である出生者1,000人中の乳幼児死亡数は6.3人で、低い方から数えて世界33位。日本は3.2人で、世界3位の低さである（http：//en.wikipedia.org/wiki/List_of_countries_by_infant_mortality_rate）。

　平均寿命も短い。アメリカ人の平均寿命は78.2歳で世界の38位。日本は1位で82.6歳である（http：//wpedia.goo.ne.jp/enwiki/List_of_countries_by_life_expectancy/?from=websearch）。

　健康に関する新指標で、もし乳幼児死亡率と平均寿命だけを重視する指標を作ると、アメリカの健康度は世界最悪とさえ言えるかもしれない。カネばかりは世界一かかるが、高齢者も幼児も早死にしているからだ。

　人口10万人当たりの交通事故死者数。これも低い方が幸福度が高いが、2007年にアメリカは17人。日本は約5人と低い（Watch Out, *Economist* 2011-1-15）。人が死ぬほどの大事故なら死傷者の治療に医療費が発生するし、自動車の買い換えも必要になるだろう。事故死者数が多いことはGDP増加要因になり得るが、国民の幸福度は確実に低下する。

　教育についても、26歳から34歳の人の大卒率でアメリカは世界12位で、1位を誇るGDPに比べるとランクががた落ちする（Bob Herbert, Putting Our Brains on Hold, *New York Times* 2010-8-7）。

　人とのつながりは、先に述べた社会的資本と基本的には同じものである。社会的資本についてもアメリカではそれが急激に下がってきていることに警告を発する研究者が多い（Robert D. Putnam *Bowling Alone* New York：Simon & Schuster 2000）。

■ 新指標と欧米の新戦略

　しかし2010年3月、米欧がそろって、超GDPの新指標開発に動き始めた。オバマ大統領の政策は、勿論本人はそう言っていないが、ヨーロッパ流の福祉

資本主義に向けて、アメリカを少しずつ変えていこうとする試みである（福島清彦『オバマがつくる福祉資本主義』亜紀書房2009年）。図表1―21に示したように、オバマ政策とヨーロッパの戦略は似通ってきている。

図表1―21　新指標と欧米の新戦略

	EU 欧州連合	米国オバマ政権
戦略名	ヨーロッパ2020戦略	新しい責任の時代
新指標群の名前 1. 暮らしの質 　（所得、消費、資産）	持続可能な生産と消費	2010年ウォール街改革と消費者保護法（ドッド・フランク法）制定
2. 持続可能性	2020年にCO_2を1990年比20％削減	2020年にCO_2を1990年比3％削減（下院法案）
3. 広義の社会保障 　教育 　健康	「社会的」ヨーロッパ造り 20年に大卒率40％ 年金、医療、介護計画	米国大卒率再び世界1位に 国民健康保険樹立
4. 人とのつながり 　（社会的資本）	市民社会組織（civil society organization）助成　就労率75％	特になし

（出典）筆者作成。

　事態は大きく変わり始めている。新指標の開発で、健康度、教育、地球温暖化防止行動の進展度などの指標が作られ、それがウェッブ上で公開されるにつれ、超GDP指標の改善を求める世論が必ず高まる。各国の政府は超GDP指標の向上をめざす諸政策を打たざるを得なくなるであろう。

■ 新指標の力で市場原理主義は後退するか？

　英国ファイナンシャル・タイムズ紙の統計担当編集者サイモン・ブリスコウは2009年1月末、スイスのダボスで開かれた「世界経済フォーラム」で講演し、新指標への熱い期待を語った。

　スティグリッツ委員会で新指標の検討が進んでいるので、「先進国の世界で、新しい議題が大地に根を伸ばし始めたことは明らかである。その議題は、幸福度、暮らしの質、社会的資本、持続可能な発展、進歩、コミュニティの強さ、共同行動、競争力報告、基準値づくりなどである。」

(Simon Briscoe, A more humane way to measure progress, *Financial Times* 2009-1-31 www.ft.com/cms/s/b2926d7e-eb63-11dd-bb6e-0000779fd2ac,dwp_uuid=a712eb94-de2b-11da-890d-000079e2340.print=yes.html#)

2010年3月、経済学と経済統計はようやく、個人の暮らしにとって最も大事なものを計測する時代に入った。新指標は1つではなく、いくつか（ブリスコウ氏は100ぐらいと言っているが、これはいくら何でも多すぎる……引用筆者）の指標を同時に並べて見るような方式になるであろう。英国王立統計協会のデービッド・ハンド会長は「統計の持つ恐るべき力」を語り、「統計が現代文明の礎石である」ことを力説している（Briscoe, ibid, *Financial Times* 2009-1-31)。

300年来のGDP崇拝時代は、世界経済に大いなる成長をもたらした。これから始まる超GDP指標の時代は、規模拡大の成長ではなく、質的向上の経済発展である。個人の幸福度、発展の持続可能性、健康、教育、地球環境、社会的資本などを重視するようになる。指標を開発し、改善していく中で、個人の幸福度が高まっていくことを、われわれは大いに期待できるのである。

個人の幸福を重視する新指標が先進各国で定着し、多くの国民に受け入れられるようになれば、それは（先にレイヤードの発言として紹介したように）価値観を多少変えることにつながるかもしれない。金銭も大事だが、文化活動や人とのつながりをもっと大切にするという方向へ、価値観が少し移動することもないとは言えないであろう。そうなると経済戦略の軸足が、量の拡大から質の向上へと少し移ってくるかもしれない。

図表1―22で、20世紀までの経済戦略と、予想される21世紀からの経済戦略を比較した。マス・メディアが毎日注目する指標の中に、GDP関連統計指標だけではなく、超GDPの新指標が多く含まれるようになれば、図表に示したような、基本的経済思想と経済戦略そのものの軸足移動が起こる可能性がないではない。

新時代の経済がどのような構造になるのかは、まだわかりにくい。しかし、新時代には各分野へ巨額の公共投資を行う政府の役割がずっと重要になり、結

図表1—22　新指標による戦略の軸足移動

	旧い軸足（18世紀から20世紀）	新しい軸足（21世紀）
基本戦略	（労働と資本の）投入量増大による国全体の経済規模拡大。	労働力の質向上による暮らしの質向上。結果としてGDPが大きくなることもあるが、それは目標ではない。
目標	高い成長達成　成長至上主義	個人の幸福度増進　暮らしの質向上
基本文書	1776　スミス『国富論』 1935　ケインズ『一般理論』	2007　イスタンブール宣言 2009　スティグリッツ勧告 2010.3　米国　主要全国指標システム開発法 2010.3　EU「2020戦略」策定
呼称	GDP崇拝　　GDP fetish (Stiglitz)	超（beyond）GDP（European Commission）
対象	21世紀の中国、印度（昔の日米欧）	21世紀の日米欧
経済発展の基本経路	人口増 → 労働投入量増大（18-60歳） 設備投資 → 資本投入量増大 → GDP増大が優先目標	労働投入量減少 　教育、医療、年金へ公的投資 労働力の質向上 　人的資本　human capital 市民社会組織の拡充 　（家族から会社内地域社会まで） 社会的資本の向上　social capital → 全要素生産性の上昇　TFP → 幸福度増大 → GDP増大は目的でなく結果
基本概念	量的拡大 経済成長	質的向上 経済発展
主要資本	物理的資本設備　金融資本 計算可能　市場での競争により蓄積と自己増殖可能	目に見えず、常に変動する人的資本。組織内資本（人のつながり）。維持と蓄積に不断の努力と公的支援が必要。
数式の表示	$GDP = C + I + G + (X - M)$ $\Delta GDP = \Delta C + \Delta I + \Delta G + \Delta(X - M)$	$GDP = P/L \times L$　$\Delta GDP = \Delta L + \Delta K + TFP$ $TFP = human\ capital + social\ capital$

（出典）米欧各種資料から筆者。

果として（決してそれが目的ではないが）政府の規模が各国で今より大きくなっていくことは確実である。

　スティグリッツも近著の中で、グローバルな経済統合と競争が進む21世紀においては、政府の役割が今以上に大きくならざるを得ないことを力説している。これからの時代、政府が経済で果たすべき役割は、①完全雇用と経済安定、②技術革新の促進、③社会保障の拡充、④低賃金搾取の防止……の4つであるとする（Stiglitz, ibid p200-209）。

　新指標が定着し、個人の幸福度に注目する声が高まると、政策を支える経済思想も変わって来るであろう。少し前まで日米で幅をきかしていた成長至上主義者や市場原理主義者は急速に影響力を失うのではないかという気がするが、それは筆者の希望的観測かもしれない。

第2章

超GDPの新指標と経済戦略

第1節　スティグリッツ委員会の勧告

1　GDPはウソだ……サルコジ大統領

「(GDP統計をもとに高い成長率を達成したなどと政治家が言うと) 世界の市民は政治家がウソをついていると思っている。それは充分に理由のあることだ」

サルコジ・フランス大統領はこう言って、長い演説を始めた。

同大統領はさらに、「世界はGDP数字狂信病にかかっている」と述べ、経済成長率の数字だけにとらわれる各国の経済政策立案者や政治指導者を批判した。続いて発言したジョセフ・スティグリッツ米国コロンビア大学教授（ここで紹介するスティグリッツ委員会の委員長、2001年ノーベル経済学賞受賞者）は、GDPなどの「数字は大幅に変える必要がある」と発言し、超GDPを唱えるサルコジ発言を擁護した。同教授はそう言ってから全文232頁もある「超GDP報告書」の内容を要約し、解説した。これは2009年9月14日、パリでの出来事である。

「GDPはもう古い」「経済統計の数字は大幅に変えるべきだ」フランス大統領と世界的に著名な経済学者達（先に紹介したスティグリッツ以外では、アマティヤ・セン、ケネス・アロー、ジェームス・ヘックマン、ダニエル・カーネマンの4人のノーベル賞受賞者がスティグリッツ委員会のメンバーになっているので、25人

の委員中5人がノーベル賞受賞者）がこう言い始めたことに、多くの経営者と経済学者達は大きな衝撃を受けた。

■ 世界的反響

ヨーロッパの一流経済紙「ファイナンシャル・タイムズ」は翌15日の紙面で、この報告を大きく取り上げた（Sarkozy reecommends happiness as yardstick for economic health および GDP branded a poor gauge of Progress, *Financial Times* 2009-9-15)。

同紙は一面で3段の報道をし、二面ではスペースの半分近くを割いて報告書の内容を要約、さらに「なぜこの報告書はかなり成功した報告書と言えるのか」という、一問一答形式の、長い解説まで載せた。最後に社説の頁でも「大きな国内向けの飾り付け」という題の論評を社説のトップ欄で掲載した。

アメリカを代表する経済新聞であるウォール・ストリート・ジャーナルは9月15日の紙面で「サルコジは経済の健全度を測るのに幸福度などの新指標を加える」という見出しの記事を載せた。「サルコジ大統領は、生産額の総和であるGDP以外に、就業率、医療、休暇、家計の資産と所得、消費、教育などの指標を、評価の対象にする指標に加えようとしている」と報じ、超GDP指標の内容をかなり正確に要約している。

記事の上部には、フランス北東部リリー市の広場のカフェで、ソフト・ドリンクを飲みながら談笑する若いカップルの写真を載せ、「フランス大統領サルコジは繁栄度を計測するのに、こういう余暇時間を考慮しようと計画している」という解説をつけた。スティグリッツ委員会報告の、ある重要な部分を指摘した、分かりやすい記事である（'For France, a Joie de Vivre Index', *Wall Street Journal* 2009-9-15）。

実際に楽しい余暇時間をどれだけ持てるのかは、暮らしの質を決める重要な要素である。アメリカ人のある研究者は米欧の経済を比較し、労働時間短縮を進めたヨーロッパとは反対に、過去30年間でアメリカ人の年間労働時間は26%も増えたという研究結果を発表している（Oliver Blanchard, 'The Economic Future of Europe' National Bureau of Economic Resaearch , Working Paper 10310,

図表 2—1　GDP 関連の勧告

経済業績と社会進歩の計測に関する委員会
（CMEPSP、略称　スティグリッツ・セン委員会）の報告　2009.9.14 発表
委員会　主査　ジョセフ・スティグリッツ（コロンビア大学）
顧問　アマティア・セン（ハーバード大学）

古典的 GDP に関する勧告
1.　生産よりも所得と消費を注視せよ
2.　所得および消費を富（wealth）とともに考慮せよ
3.　家計の視点を強調せよ
4.　（所得、消費および富の）分配を重視せよ
5.　非市場部門での活動を含めるよう所得計算の範囲を広げよ

（出典）www.stiglitz-sen-fitoussi.fr

February 2004, http://www.nber.org/papers/w10310)。

　ヨーロッパで年間5週間の休暇を取るのは普通だが、アメリカは2週間がやっと。共稼ぎで長時間労働しているので、消費の水準は高い。クルマは2台、風呂（バス・タブ）のついた部屋が3つもあったり、トイレが4つあったりする。水泳プール付きの家に住む人も珍しくはない（筆者もかつてアメリカでプール付きの家に住んでいたが、私の住んでいたワシントン D. C. 郊外の地域では、家の庭にプールがついているのはごく普通だった）。

　しかし、長時間労働し、ローンに追われながらものを買いまくっている、アメリカ人の暮らしの質は高いと言えるのか。スティグリッツ教授は、フランス大統領宛の報告書とは別の著書で、フランス人とアメリカ人の暮らしを比較し、「どちらのライフ・スタイルが良いとは言えないかもしれない。しかしアメリカのライフ・スタイルは持続不可能である。（中略）もし途上国の人々がアメリカのライフ・スタイルをまねし始めたら、地球は破滅してしまう。」と述べている（Joesph E. Stiglitz *Free Fall* New York: W. W. Norton 2010 page 288)。

　個人の金銭的な所得と消費を拡大し、国全体の経済規模 GDP 極大化することを目標に運営しているアメリカ経済のあり方を、正しく批判した警告である。GDP の拡大度で測った経済成長率を出来るだけ高めることを目標に経済政策が運営されていることも、持続不可能な過剰消費が広がった大きな原因の1つ

である。「政治家も、政策立案者も、経済学者も、GDPで測った経済業績を良くする要因は何かを理解しようと頑張った。しかしGDPで社会の幸福度を測るのは間違いである。」スティグリッツはこう結論している（Stiglitz, ibid page 283）。

アメリカの新聞ニュー・ヨーク・タイムズも9月15日の紙面で「成長の再計測」という見出しをつけ、スティグリッツの報告を顔写真入りで紹介した（Remeasuring Growth *New York Times* 2009-9-15）。

世界で100万人以上の読者がいる英国の経済週刊誌「エコノミスト」もその週（9月19日発行）の誌面で1頁を全部使ってスティグリッツ報告の紹介と批評を行った（Economics focus: Measuring what matters *ECONOMIST* 2009-9-19）。

日本では話題にならなかったが、GDPを超える幸福度の指標を、初めて体系的に説明したスティグリッツ報告に対する反響は、このように世界的なものだった。

■「経済業績と社会進歩の計測」について

スティグリッツ報告とこれまで簡単に紹介してきたが、正式の名前は長い。「経済業績と社会進歩の計測に関する委員会（CMEPSP, Commission on the Measurement of Economic Performance and Social Progress）」という名の委員会が出した「経済業績と社会進歩の計測に関する報告」という題の報告書である。2008年2月、フランスのサルコジ大統領が世界の経済学者25人を集め、GDP国内総生産に代わる、経済と社会の進歩を計測する指標を開発して欲しいと諮問した。

諮問を受けたスティグリッツ委員会は、半年後の2008年7月に中間報告を出し、これからどういう問題を取り上げるかを明らかにした。取り上げたテーマは、①古典的なGDPに関する問題、②暮らしの質、③持続可能な発展と環境……の3つで、テーマごとの作業グループを作った。結論を報告したのが2009年9月である。

2009年9月に出たスティグリッツ委員会の報告は、世界の経済戦略と経済思想に新しい地平線を切り開き、量よりも質を重視する方向を打ち出した、画

期的な報告だった。大きな反響があったのは当然かもしれない。

2　GDP否定ではなく、GDPの補足

　超GDPの経済指標はしかし、GDP統計を否定して、GDPに代わる新統計を作ろうとする試みではない。GDPが表す経済指標だけに目を奪われていると脱落してしまう、個人の幸福度と経済活動全体の持続可能度を重視する指標を作る。それによってGDP統計を補足しようという試みである。

　GDP統計は、人間の幸福度を減退させるような活動が新たに生じた場合でも、それを生産量の増大だと計算し、その分だけ経済が成長したと扱ってしまう。アメリカには約2億丁の銃が出回っており、撃たれても死なないようにする防弾チョッキも売られている。近年はたいていの防弾チョッキなら貫通してしまうことを売り物にした、強力な攻撃用ライフル銃（商品名はAK400）まで生産され、ネットでも売るようになった。

　新型銃の生産も防弾チョッキの普及も、人間の幸福度を減退させる要因でしかないのに、それでも経済成長率は高まる。

　自分ときわめて険悪な関係にある人が新型銃を買った場合、それは自分個人にとって「暮らしの質」の大きな低下だが、GDP統計ではそれは個人消費の増大になり、GDPはわずかに増加する。

　失業にしても生活感覚とGDP統計はかなり異なる。失業した本人にとって、「失業するということは所得を失うよりももっと大きな損失だ。社会との関係を失うという損失なのだ」とスティグリッツは述べ、収入だけではなく、誇りを失うという個人の幸福度の重大な低下を指摘している（Joseph E. Stiglitz, GDP Fetishism, www.project-syndicate.com/commentary/stiglitz116/English）。

　借金漬けで消費を拡大していた2007年までのアメリカ経済はGDP成長率がヨーロッパより高く、力強く見えた。GDP成長率には、外国からの借金頼みなので持続できない成長だという経済の「質」の悪さが表れてこないからである。

　こうした事実を挙げた上でスティグリッツは、こう結論している。

「統計類の枠組みは、われわれの複雑な社会で起きていることを、簡単に理解できるいくつかの数字に要約するために作られているはずだ。すべてをただ1つの GDP という数字に要約できないことなど、本来とうに分かっていたはずだ。」(Stiglitz, ibid GDP Fetishism)

このように超 GDP のの経済指標は、GDP 統計が必要であり、一定の役割を果たしてきたことを認めた上で、それ1つだけに頼って経済の繁栄度を測ったりしてはならないという訴えである。経済成長率の引き上げを経済政策の目的や、長期の経済戦略そのものにするべきではないという、当たり前の正気の提

図表2—2　暮らしの質についての分析

> 暮らしの質は、生きがいをもたらす、あらゆる要素を含んでいる。その要素には市場で売買されないものや、金銭で評価できないものが含まれる。経済の会計計算を多少延長することによって、暮らしの質を形成する、幾つかの追加的な要素を伝統的な金銭評価による経済的幸福の計算に含めてゆくことができるが、この手法で達成できることには限度がある。社会の進歩を計測するうえでは他の指標が重要な役割を演じる。最近、研究が進展したので、暮らしの質の中で少なくとも幾つかの側面について、新しい信頼出来る指標が作られた。こうした諸指標は、伝統的な経済指標にとって代わるものではないが、政策討論を豊かなものにし、人びとが暮らしている社会（communities）の状態について人びと自身がどう考えているかを知らせる機会を提供している。今では、こうした諸指標は、調査段階から標準的な統計作成に移行して行く潜在的な可能性を持っている。

（出典）www.stiglitz-sen-fitoussi.fr

図表2—3　教育論

> 経済研究は、教育について、経済生産を支える技能と能力を提供するという役割が重要だということを強調してきた。そういう長い伝統を持っている。しかし教育は、それが人びとの収入や生産性に影響を及ぼすということとは別に、人の暮らしの質を決めてくるから重要なのである。教育は、それによってより高い収入が得られることを除いても、人が抱く人生における達成感と関係している。さらに、より良い教育を受けた人はふつう、健康状態も良いし、失業率は低く、社会との諸関係をより多く持っているし、市民活動や政治活動により深くかかわっている。（中略）教育は（金銭的な面と非金銭的な面の両方で）、教育に投資したそのひと本人と、その人が住む社会とに、きわめて広範な利益をもたらす。このことについては研究者の間で合意がある。教育がもたらす、こうした広範な利益を計測することは、研究上の重要な優先課題である。この研究を進めるには、多くの分野における人々の特徴をうまく計測し、また同じ人を長期間、観察して行くことが必要である。

（出典）www.stiglitz-sen-fitoussi.fr（P.46-47）

案なのである。

3　GDP補足の内容

スティグリッツ委員会の提案は、まず既存のGDP統計の枠組みの中で、いくつかの改善と補足を提案することから始める。GDP補足について述べるので、これからしばらくは、既存GDP統計の改善に関する事柄を説明する。多くの人にとってはかなり退屈な記述になるかもしれない。

(1)　資本ストック

図表2―4　暮らしの質についての5勧告

勧告1.	主観的な幸福を計測することによって、暮らしの質に関してカギとなる情報が得られる。各国政府統計局は、人びとの人生における達成感、快楽的な経験および優先課題について、人びと自身がどう考えているかについての質問を、統計調査の中に入れるべきである。
勧告2.	暮らしの質は、人びとが置かれた客観的な諸条件と機会によって決まってくる。人びとの健康、教育、個人的な活動、政治的発言、社会的な諸関係、取り巻く自然環境と安全性についての計測を改善する手だてを講じるべきである。
勧告3.	暮らしの質に関する指標は、それが調査対象にしているあらゆる分野における不平等について、包括的な評価を行うべきである。
勧告4.	暮らしの質に関する調査は、その人の暮らしの質に関連する多様な諸側面の間の関連性を評価するように設計するべきである。この調査で得られた情報は、多様な分野での政策設計に役立てるべきである。
勧告5.	各国政府統計局は、異なる物差しを用いる諸指数を開発することによって、暮らしの質に関するいくつかの次元を統合するのに必要な情報を提供するべきである。

（出典）www.stiglitz-sen-fitoussi.fr

在来のGDP統計は一国の経済活動の水準を把握するのに是非必要なので残しておき、活用する。しかし、GDP指標は1年間に生じた新たな生産量（いわば年間の流量、フロー）を計算しているだけなので、長年の生産活動の結果、蓄積した資産（残高、ストック）の計算がない。1年間の生産量だけを見ていると、いろいろな不都合が起きる。

一例を挙げると、地震災害からの復旧である。2010年1月に地震が起きたハイチで、仮に地震前は年に1万戸住宅を建設していたとする。住宅100万戸が倒壊したが、巨額の援助資金をもらって復興事業に取り組み、年に25万戸

の大型耐震住宅建設を開始したとする。

　今まで年に1万戸だった建設が一挙に従来の25倍に当たる25万戸に増える。住宅建設戸数が25倍に増加した効果でハイチのその年の経済成長率は急上昇、その年の1人当たり所得だけで見ると、ハイチが先進国水準になることさえ、ないとは言い切れない。

　だが、実際には数百万人のハイチ人が家を失い、数十万人が路上生活をするようになった。先進国に追いつくなど、夢のまた夢である。ハイチの人々の大部分は以前より貧しくなった。それでもこの不幸はGDP統計には出てこない。なぜだろう。

　それはGDP統計が、以前に建築され、人が住んでいた住宅の価値（資産の残高、資本ストック）を計算に入れないものだからである。親の代から住んでいた住宅がなくなり、ホームレス生活になっても、それはGDPのマイナスには計算されない。GDPはあくまで、その年に行った、新しい住宅投資の金額だけを計算する約束になっている。資本ストック増減の計算がないことがGDP統計の持つ、欠陥の第一である。

(2) 海外投資収益

　さらに企業による海外への投資・融資と政府による外国政府の国債保有が盛んになってくると、国内での生産高しか計算しないGDPは、一国の豊かさを計算する指標としては不十分になってくる。

　中国は約3兆ドル、日本は約1兆ドルの外貨準備を持っている。外貨準備は一国の政府が所有する外国に対する債権で、外国政府が発行した国債などの債券で運用していることが多い。外貨準備には債券からの利子収入が発生する（政府が得る外貨資産運用収入）。

　政府が外国から収入を得るだけではない。民間でも同じことが起きる。日本企業は米欧アジアの各国に工場を建て、海外現地法人から収益が配当などの形で日本に送られてくる（民間企業の対外投資収入）。さらに1日3兆ドルを超える投機的な国際資金移動も、投資をした本国に短期の資金運用収入をもたらす。

　逆にアメリカのような純債務国は、投資物件の内外利回り格差の大きさにも

よるので一概には言えないが、外国との所得収支が赤字になりがちである。

こうした対外投資の黒字額は、国際収支統計では所得収支の黒字額として表れる。日本の所得収支黒字額は2009年12兆ドルで、日本の経済規模GDPの3.1%にも達した。GDPだけを見ていると、日本が毎年稼いでいる所得を3%も過小に表示してしまう。2007年には日本の所得収支黒字は16兆円で、2009年より多かった（日本の所得収支黒字の変動には、円高や国内物価下落の影響も作用しているので、変動の原因を説明していると長くなってしまう。ここではその説明を行わない）。

このように日本の対外投資収益の水準が高い原因の1つは、長年日本企業が国内で設備投資を行うだけではなく、海外にも高水準の設備投資を行ってきたからである。日本企業は海外の工場における生産で収益を上げ、日本へ利益を送金してきた。2010年度でも、日本政策投資銀行の調査によると、全産業の海外設備投資額は前年度比35.1%増の2兆7,624億円に達する見込みである。製造業では、国内設備投資3兆3,125億円に対し、海外でのそれは1兆8,932億円で、内外比率は1.7対1（総設備投資額に対する海外設備投資比率37%）になるほど、海外での投資比率が高くなっている（日本経済新聞　2010-8-4 「海外設備投資35%増　今年度計画全体は3年ぶり増加」）。日本の製造企業は設備投資の約4割を海外でするようになった。

対外直接投資と国際的な資金移動がこれほど巨額になっている21世紀においては、対外投資で生まれる投資収益を表示しないGDPは不正確な指標になってしまっている。

したがって、日本（に限らず諸国民）の豊かさは、国内総生産GDPに海外からの純収入を加えた金額で計算するのが妥当である。スティグリッツ委員会は、GDPに海外との純所得収支（投資に伴う海外からの受取りと海外への支払いの差額）を加えた「国民可処分所得」（National Diaposable Income）を重視すべきだと勧告している。

図表2—5　国連、OECD、欧州統計局　三者の共同提案　持続可能性の14指標

		ストック（残高）の指標（S）	フロー（流量）指標（F）
幸福の基礎的な部分	1	健康度を勘案した平均寿命	1 年齢ごとの死亡率と罹病率（現生存者）
	2	高卒後の教育履修者率（％）	2 高卒後の学校入学者数
	3	通常値からの温度乖離	3 温室効果ガス排出量
	4	地表のオゾンと微細粒子濃度	4 スモッグを作る汚染物質排出量
	5	品質を勘案した水の利用可能度	5 水に対する栄養物投入量
	6	天然の生息領域の分断化	6 天然生息領域の他用途への転用
経済的な幸福	7	1人当たりの実質外国金融資産保有	7 外国金融資産への1人当たり投資額
	8	1人当たりの生産された資本財	8 1人当たりの純・生産された資本財
	9	1人当たりの人的資本	9 人的資本への1人当たり純投資額
	10	1人当たり自然的資本	10 自然的資本の1人当たり消耗量
	11	エネルギー資源準備率	11 エネルギー資源消耗量
	12	鉱物資源準備量	12 鉱物資源消耗量
	13	木材資源残高	13 木材資源消耗量
	14	海洋資源残高	14 海洋資源消耗量

（出典）スティグリッツ委員会報告書81頁　www.stiglitz-sen-fitioussi.fr

図表2—6　持続可能性について　スティグリッツ委員会の4勧告

勧告1.	持続可能性を評価するには、当委員会が勧告して行くべき世界的な計測指標数の一部として作られた、十分な鑑定を受けた付属的計測指標類を作ることが必要である。
勧告2.	その付属的な計測指標類の際立った特徴は、人間の幸福を下支えする諸々の資産の変容ぶり（variations of those "stock"）を伝えるものでなければならない。
勧告3.	持続可能性を表す金銭的な指標は、その付属的な計測指標類の中で一定の地位を占めるが、金銭的な指標は本質的に、持続可能性の経済的な側面にだけ焦点を当てるべきである。
勧告4.	持続可能性の環境に関する側面は、正しく選んだ物理的指標に基づいて、この報告書とは別に、追跡的な研究を行うに値する。

（出典）www.stiglitz-sen-fitioussi.fr

(3)　サービス価格の評価

　先進諸国では経済のサービス化が進み、国内産出高の約7割が（直接手で触れるものを生産するのではないが、有益な作業や情報を提供する）サービス産業になっている。サービス産業が提供するサービスの値段を計測するための価格算

定には、改善の余地が多い。

サービス価格の計算には普通、サービスを提供するのにかかった費用（人件費、原材料費、光熱費など）の合計だけが用いられている。だが、これでは実際に起きている、サービスの質の向上によるサービス産出高の効用増大が反映されていない。

特に政府が提供する医療サービスなどの質は近年大きく向上しているのに、質の向上を反映する価格の変更が行われていない。

だが、この課題についてスティグリッツ委員会は、改善すべきだと勧告しているだけで、具体的にどこをどう改善すると、これだけ良くなるという、具体的な提案はしていない。問題を指摘するにとどまっている。実際の改善をするのは各国政府統計局の仕事になる。

(4) 所得、資産、消費を同時に考慮せよ

国全体の生産高を見るGDP統計では、個人や家計の置かれた状態が分からない。アメリカでは、自宅を担保にしたサラ金（アメリカではこれを自宅の持ち分貸し付け、home equity loanと呼んでいる）で、多くの人々が収入の限度を超える高度の消費を楽しんでいた。過剰消費に支えられたアメリカの2008年までの家計部門の脆弱さは、経済成長率を見ているだけでは全く掴めなかった。

GDP統計の欠陥を補うため、政策当局と各国の統計局は、家計の所得、財産（あるいは資産）および消費の数字を同時に、3つとも注目すべきである。多くの家計にとって資産は所得の重要な一部だと認識されている。

個人にとって資産には、土地、建物、家具などの物的資産と、預金、証券、保険などの金融資産があるが、実際の生活で最も大切な資産はその個人が持つ人的資本（知識、技術、見識、他の人間や人間集団との関係）である。個人が長年の努力で獲得し、身につけている人的資本を金銭で評価するのは難しいが、評価を試みた例がある。それらによると、たいていの個人が持っている個人資産の80％は、モノやカネではなく、その人の人的資本だという計算もあることを、スティグリッツ委員会は紹介している。

（スティグリッツ委員会はそれ以上のことを述べていないが）ここから出てくる

結論は、政府は、学生時代だけではなく、生涯学習を通じて人的資本への投資を強化し、人々が幸福度を増進できる能力を高めるべきだ、ということである。

スティグリッツ委員会の報告はこのように、既存のGDP統計については、①資本ストックを考慮する、②海外投資収益を重視する、③サービス産業の価格評価を改善する、④個人の所得、資産、消費を同時に考慮する——という4つの改善を提案している。その上でスティグリッツ委員会は①家計の視点で経済統計を見直す、②現在の幸福度と将来への持続可能度を区別する——という2つの新しい論点を追加する。それに基づき図表2—8のような幸福の指標を挙げている（94ページ参照）。

(5) 家計の視点を重視せよ

家計の立場で幸福度を考えると、政府が現物を無料で（あるいはきわめて低い料金で）提供するサービスも、幸福度を増進する上で重要である。たとえば自宅近くに無料の公共スポーツ施設ができたとか、親子と老親も楽しめる総合公園とレクリエーション施設が出来たという場合である。家計の所得が以前と変わらなくても、家計の幸福度は増進する。

政府が提供するサービスの市場評価価格を決めるのは困難だが、類似のサービスを有料で提供している民間施設があれば、それを参考に算出することはできる。

■ 所得、消費、資産

個人の幸福度は所得、消費、資産の3つを同時に考慮しないとわからない。

■ 家庭内労働

在宅主婦が行う家庭内労働は、GDP統計には表れないが、個人の幸福度を測るのに重要な部分である。スティグリッツ委員会の試算によると、家庭内労働は（GDP統計には入っていないが、そのもたらす価値は）フランスでGDPの35％に達する、フィンランドでは40％だが、共働きと託児が一般的なアメリカでは30％しかない。

(6) フランスとアメリカ

家計資産の統計は取りにくい。しかし家計の幸福度は、①可処分所得、②家

庭内労働、③余暇時間という3つを合計して測るべきだ。26ページの第1章第2節図表1—5で示したように、その計算をすると、2005年、フランス人の可処分所得は表面上アメリカ人の66％しかなかった。しかしそれにいま述べた3要因を加えて計算し直すと、フランス人の実質所得はアメリカ人の87％に達する。

みんなが夏期休暇を取る8月にパリの町は空になるという言い方があるほど（実際にはそれほどでもなく、結構働いている人が多いが）フランス人は約3週間の休暇を大切にする。他方アメリカ人の年間労働時間は、前述したように、この30年間で26％も増加した。アメリカは長時間労働で高めのGDP成長を実現してきたが、その分だけ余暇時間が減り、個人の幸福度は減退した。

購買力、家庭内労働、余暇時間という3つの調整を行ったあとの実質所得を、スティグリッツ委員会ではfull incomeと呼んでいる。筆者は前の章でこれを「包括所得」と仮訳しておいた。このような分析と指摘をした上で、スティグリッツ委員会はGDP関連事項について、図表2—1のように5つの勧告をし、伝統的なGDPに関する部分を終えている。

4　暮らしの質（非GDP指標）に関する事項

GDPによる生産量の統計よりも、個人の暮らしの質を強調するべきである。ただ「暮らしの質」の計測は伝統的なGDP計算にとって代わるものではなく、政策討論を豊かにするために行う。このことをスティグリッツ委員会報告は強調している（図表2—2参照）。

委員会は暮らしの質を
①個人的な満足度（主観的な暮らしの質）
②個人が果たしている諸機能と諸機能を果たせる能力（客観的な暮らしの質）
③経済的幸福度の公正な割当て（fair allocation）
—という3つの方法で計測しようとする。

①の個人的な満足度は、文字通り、個人の感じ方に属する部分が多い。人によって何に快楽を感じるかは異なるので、このテーマにスティグリッツ報告は

深入りしていない。「もっと統計資料の整備が望まれる」と述べるにとどまっている。

■客観的幸福度を8分野で測る

②の客観的な幸福度の分析に報告は最も力を入れて8分野に分けて論じている。各分野を順に見ていこう。

1）健康

平均寿命と罹病率が重要な指標である。

平均寿命で健康度を見ると、20世紀後半にフランス人がアメリカ人との差を拡げている。1960年、フランス人の平均寿命はアメリカ人より6ヶ月弱長いだけだったが、2006年にはそれが2年以上に開いた。

英国では高度職業についている人ほど罹病率が低いという統計がある。しかし、世界全体で、生きている人のうち、どれくらいが一生罹病せずに健康でいるかは測りにくい。

2）教育

教育がもたらす利益は多様で大きいとして、スティグリッツ委員会は、個人の幸福度増進に教育が大きな役割を果たすことを強調している。
「教育は、それが人々の所得や生産性に及ぼす影響とは別に、暮らしの質に影響を及ぼしている。教育は、それが人びとにより高い収入をもたらすという効果を除いても、人びとの人生観（life-evaluations）と強く結びついている。さらに、教育程度の高い人は健康状態がすぐれ、失業率が低く、多くの社会的なつながりを持ち、市民社会組織や政治的な活動にもより深くかかわっている」
（スティグリッツ委員会報告 p46）（図表2—3）

教育と暮らしの質に因果関係があることは指摘しても、では何年間、どういう教育を受けたらそれで寿命が何年延び、失業する確率が何％減るか、という数学的な関係式はない。大部分が経済学者の集まりであるスティグリッツ委員会は、数字でその関係を示せるようなデータがあった方がよいと考えている。

このため、「低所得家計出身者は学習達成度が低い、幼児教育は成人期に成果を発揮するなどのデータはあるが、教育が『暮らしの質』を決める諸要素に

どう影響しているのかを示すデータは乏しい」と、同報告は述べる。

　日本の文部科学省の調査でも、低所得家庭出身の子女は、高所得家庭出身の子女より、学業成績が大変低いことが確かめられている（『平成20年度版文部科学白書』8頁参照）。学業成績の良くない学生はあまり良いところに就職できず、就職後も低所得になることが多い。貧乏人の子はまた貧乏人になるというのが、市場経済の冷酷な現実である。どの国でもそういう事実があるようだ。

　こういう負の連鎖から脱出するカギになるのが教育だということを、個人の幸福度増進策を検討したスティグリッツ委員会は指摘しているのである。

3）個人的諸活動

　労働時間や通勤時間だけではなく、人びとが起きている時間をどの活動にどういう比率で割当て、どの活動に優先度を置いているのか。暮らしの質はこれによって決まる。個人的諸活動の質を評価する上で、重要なのは、①賃金労働の時間と質、②無報酬の家庭内労働、③通勤時間、④余暇時間、⑤住宅状況—の5つの分野であると、同委員会は見ている。

4）政治への発言と統治

　これも簡単に数量化はできないが、暮らしの質に影響する重要な要素である。委員会メンバーはアメリカ、フランス、イギリス、インドなどから集まっているので、とくに自国の政治制度や民主主義に「暮らしの質」を低下させるほどの大問題があるとは感じていない。このためこの部分の記述は短い。しかし、同委員会は、GDPの経済成長率だけは高くても、言論結社の自由がなく、ウエッブでのデータ検索さえ制限している国があることを念頭に置いている。世界共通の「暮らしの質」指標を考えようとする際には政治への発言の自由度や政府の統治能力を無視できないことを指摘している。

5）社会的なつながり

　自主的な民間の諸組織からなる社会的資本（ソーシャル・キャピタル）への関わりの有無と、民間自主組織に関与する程度の高さも、暮らしの質に影響する重要な要素である。

　社会的資本と経済成長、人びとの幸福度や健康度の関係は近年日米両国を中

心に研究が進んでいるので、スティグリッツ委員会は社会的なつながりにも言及している（社会的資本については、もともと社会的資本の考え方はハーバード大学のロバート・パットナム教授が考案したもので、各国で実証研究が進んでいる。邦文文献では、宮川公男、大守隆編『ソーシャル・キャピタル』東洋経済新報社2004年を参照されたい。パットナムはスティグリッツ委員会のメンバーである）。

人と組織の繋がりの強さは社会的資本と呼ばれる。社会的資本の水準を高めると、それが経済を発展させる。経済発展は結果として成長率を高めることが多い。経済成長の諸原因のうち、Ⅰ）主として国民の知的水準向上と、Ⅱ）属する集団内の信頼関係の高まり……の2要因によって生じる経済発展を、（成長会計という経済学の分野では、第1章で述べたように）全要素生産性の向上と呼ぶ。

欧米主要国は経済規模の拡大を労働力の投入量増大ではなく、労働力の質の向上と社会的なつながりの強化によって、つまり全要素生産性上昇で達成しようとしている。スティグリッツ委員会の勧告が「社会的なつながり」を強調し、つながりの程度を計測する統計開発を勧告しているのは、欧米各国の経済戦略から見て、言わば当然のことなのである。

しかし、暮らしの質にかかわる諸指標を広く検討することが委員会の目的なので、スティグリッツ報告は社会的資本の問題には深入りせず、言及するだけにしている。

6）環境条件

これも暮らしの質に関わる重要な要素だが、地球温暖化に関係するマクロ水準での総合計データしかない。スティグリッツ勧告は個人の「暮らしの質」に関係する環境データは不十分であることを指摘している。

7）個人の身の安全

犯罪率の高い国では身の危険を訴える人が多い。この部分も、あらゆる先進国に共通するテーマではなく、事情は国ごとに異なるので、記述は短い。

8）経済的な不安定感

失業と失業の恐れは暮らしの質を低下させることを指摘する。

この部分は日本でならば、2010年に入ってからも続いている約5％の失業

第 2 章　超 GDP の新指標と経済戦略

率と 300 万人を超える失業者数を挙げ、日本全体で暮らしの質が低下していることを指摘するところであろう。

就業者の間でも、ここ 10 年間に起きた非正規雇用の増大（非正規雇用の比率が 1990 年の 20％が 2007 年に 34％へ上昇）と、正規雇用でも生じた 100 万円以上の年収減少（2009 年国民生活基礎調査によると、2008 年は平均年収 547 万円で、1994 年比 116 万円減少し、過去 20 年間で最低の金額）について言及が必要になるところだ。仮に年収が同じでも非正規雇用になると、不安感によって暮らしの質が低下することは間違いないからである。

失業者数や非正規雇用の増加は GDP 統計には表れないが、スティグリッツ勧告のように「経済的な不安感」という範疇で指数を作ると、雇用の悪化が明確に出てくる。

このように新指標が必要な 8 分野を挙げた上で、スティグリッツ勧告は、多くの分野に関わる問題と総合的な指数について論じている。

■ **格差と総合指数**

多くの分野にまたがるものとして、格差拡大がもたらす暮らしの質の低下という問題がある。スティグリッツ委員会はこれを「経済的幸福度の公正的な割当て」という表現で言及している。

一国の所得平均値では個人の暮らしの質は測れない。2000 年以降のアメリカで起きたように、所得の上昇が上位層でだけ起き、中位以下の層の所得がほとんど増えないか減っていると、国民 1 人当たりの平均所得が上がっても、多くの人々が不平等感と格差拡大を覚える。この場合、個人の暮らしの質は、ごくわずかな金銭所得の上昇があっても、低下している。

日本でも所得格差は拡大している。ジニ係数と呼ばれる所得格差の指数（1 に近いほど格差が大きい）は 1987 年の 0.38 が 2007 年には 0.40 を超えるところまで上昇した。格差拡大により、日本の暮らしの質は低下している。

所得以外に男女不平等、社会的経済的地位の不平等なども、個人の暮らしの質に影響を及ぼす。

スティグリッツ勧告は、各種の非 GDP 指標を統合した、一種の総合指数を

作ることには否定的である。

　これまでに述べてきた「暮らしの質」に関する諸指標はそれぞれ全く、別の分野を対象にしているので、GDP統計のように金額の合計を出して1つの指標にすることはできない。だが、「暮らしの質」を考える上で参考になる指標は、第1章の図表1─7で紹介したように、すでにいくつかある。

　国連が開発した「人間能力開発指数（HDI, Human Development Index）」は統合指標の1つの試みである。人間能力開発指数や、日本を含むいくつかの国で実施している「暮らし満足度世論調査」などが参考になる。

　このように述べたあと、スティグリッツ委員会の報告は暮らしの質の計測に関する提案を、図表2─4に挙げた5項目にまとめている（81ページ参照）。

5　持続可能な発展に関する事項

■持続可能な発展と環境

　経済発展の持続可能度を測る上で、中心になるテーマは温暖化を防止することによって地球経済全体の経済発展を持続可能にすることである。しかし、このテーマについてスティグリッツ委員会の報告はあまり多くを語っていない。この委員会以外の場所で、温暖化防止とそのために必要な新エネルギー投資、採用するべき数値目標についてすでに多くの議論が出ているからである。

　スティグリッツ委員会は持続可能な発展に関して欧州統計局が2007年に作成した10指標と、国連欧州経済委員会・経済協力開発機構・欧州統計局の三者が合同で作成した14指標（図表2─5）を参考資料として紹介している。しかしスティグリッツ委員会自体では、4つの勧告（図表2─6）を出しているだけで、新しい具体的な「持続可能な発展指標」の提案はしていない（84ページ参照）。

　同委員会は、旧来のGDP統計にはない新統計作成に関する部分を、（暮らしの質5項目と持続可能性4項目の計）9項目にまとめている。その9項目と、現在のGDPの構成要素（細かく分けると7項目）を対比した表を示しておく（図表2─7）。

第 2 章　超 GDP の新指標と経済戦略

図表 2―7　GDP7 項目と新指標 9 項目

GDPは7項目	新規指標は9項目
GDP＝（①個人消費＋②個人住宅投資） 　　　＋（③政府消費＋④政府公共投資） 　　　＋　⑤企業設備投資 　　　＋　⑥輸出－⑦輸入	暮らしの質（5項目） ①人びとの達成感と優先課題について計測改善 ②健康、教育、安全性の計測改善 ③暮らしの不平等に関する包括的評価 ④暮らしの質に関する調査を活用した諸政策の統合 ⑤暮らしの質に関する諸概念の開発と統合
上のGDP統計はすべてを金銭に換算しているので足し算ができる。 　右側の新指標は開発中。開発されてもそれぞれが次元の異なる数字なので、各項目を足した総合数字を作ることはできない。 　このため新指標は、自動車の運転中に速度、ガソリン残量、エンジンオイル量、エンジンの回転数などをダッシュボードに並べて見るように、性質が異なる9指標群を同時に見比べて利用することが必要。 　新指標のどの1つだけを見ても、1つでは幸福度や持続可能度の判定はできない。	持続可能性（4項目） ①持続可能性に関する統計の開発 ②資産の変容を加味した統計の開発 ③持続可能性の経済的側面に関する研究 ④環境についての追跡的な研究の遂行

関連する重要な著作、論文

GDP	超GDP
スミス『国富論』1776年 クズネッツによる各国GDP統計整備 　　　　1930―40年代 ケインズ『一般理論』　1935年	スティグリッツ委員会勧告2009年 EU『ヨーロッパ2020戦略』2010年 米国『主要全国指標開発法』2010年

（出典）www.stiglitz-sen-fitioussi.fr

図表2—8　スティグリッツ委員会　全体について12の勧告　2009-9-14

【GDPそのものについて……サービスと政府が重要……】 1. サービスの増大と複雑な製品の出現で、産出高と品質向上の計測は困難になった。 2. 先進諸国では政府支出がGDPの40％以上を占めているのに、政府が提供するサービスの産出高が正しく計上されていない。 3. 人々の幸福度とその持続可能性も計測すべきである。こうした指標は複数である。
【生産から幸福の度合いへ】 勧告1. 物質的な幸福度を計測する際に、生産よりも所得と消費に注目すべきだ。 勧告2. 家計の視点を重視せよ。 勧告3. 財産 wealth とともに、所得と消費を考慮せよ。 勧告4. 所得、消費及び財産については、その分配に力点を置くべきだ。 勧告5. （家庭内労働など）市場外の活動を含めるよう、所得の定義を広げるべきだ。
【幸福の度合いは多元的である】 （この部分に勧告はないが、幸福度を測るのに、次の8尺度がある） 1. 物質的な生活水準（所得、消費および財産）2. 健康　3. 教育　4. 仕事を含む個人的諸活動 5. 政治への発言と統治　6. 社会的なつながりと諸関係　7. 環境（現在および将来の諸条件） 8. 経済的および物理的な安全度
【幸福度の客観的および主観的な次元は、ともに重要である】 勧告6. 暮らしの質は人々の置かれた客観的条件と、持っている能力によって決まる。人々の健康、教育、個人的な諸活動および環境の諸条件の計測手法を改善し、社会的つながり、政治への発言および安全度の低さを計測する努力をするべきである。 勧告7. 暮らしの質に関する指標は、すべての次元で、不平等を包括的に評価すべきだ。 勧告8. （暮らしの質を評価する）調査票は諸領域のつながりが評価出来るようつくる。 勧告9. 統計局は、暮らしの質の諸次元を合算するのに必要な諸情報を提供すべきだ。 勧告10. 客観的および主観的な幸福度を計測することが、人々の暮らしの質に関する情報のカギになる。統計局は、人々が持っている暮らしに関する評価と快楽の経験と優先度を、調査項目の中に入れるべきだ。
【持続可能性を計測するには、実用的な手法を使うべきだ】 勧告11. 持続可能性に関する評価は、よく考えて作った諸指標がいくつか入った計器盤 dashboard であることが必要だ。この計器盤の際立った特徴は、それが背後にある何らかの「残高」stocks が形を変えたものだとして解釈できることである。そのような計器盤の中で持続可能性を表す金銭的な指標は、持続可能性の経済的側面についてだけ焦点を当ててゆくべきである。 勧告12. 持続可能性の環境に関する側面は、別の調査票に引き継いで行くべきである。（気候変動や漁業資源に関する事柄のように）環境への打撃が危険な水準へどれだけ近付いているのかを示す、明確な指標が特に必要である。
【次は何か】 　当委員会はこの報告で、このテーマに関する討論が終わるのではなく、始まるのだと考えている。地球規模でも国レベルでも、活発な討論が行われ、経済の指標と社会の進歩を測る有益な指標が開発されることを望んでいる。

（出典）www.stiglitz-sen-fitoussi.fr

スティグリッツ委員会の報告はまた、最初の概論にあたる部分で、全体にかかわる12の勧告を出している（図表2—8）。12の全体にかかわる勧告のうち、8つの勧告は統計家たち（statisticians）はこうするべきだ、という各国統計局への作業依頼である。

各国の統計局は大変な宿題を出された。とりわけ欧州統計局が、新時代の統計作成の要請にどう取り組んでいるのか。次にそれを紹介する。

第2節　欧州統計局の取組み

■ スティグリッツ勧告の影響

EUの一機関である欧州統計局は2009年11月、「EUにおける持続可能な発展——EU持続可能な発展戦略の2009年観察報告」と題する304頁もの報告書を発表した。

統計局がつくった報告書といってもこの報告書は、全頁に細かい数字が一杯並んだ統計集ではない。EUにおける経済の持続可能な発展度合いを計測するために、どんな分野でどういう統計が必要かを考え、検討状況を説明した論文である。

図表2—9　欧州統計局「持続可能な発展の10指標」

1. 社会経済的発展
2. 気候変動とエネルギー
3. 持続可能な運輸
4. 持続可能な消費と生産
5. 天然資源の保全と管理
6. 健康
7. 社会への包摂
8. 人口変動
9. グローバル・パートナーシップ
10. 良い統治

（出典）欧州統計局　http://epp.eurostat.ec.europa.eu/portal/page/portal/product_details/publication？p_product_code = KS-78-09-865

持続可能な発展の指標

指標1　社会経済的発展

	中心指標	副次指標の評価	現状評価	
1人当たりGDPの伸び ◎	投資（経済発展）	○	地域間の格差	△
			家計貯蓄	△
	労働生産性上昇率（技術革新、競争力と経済効率）	◎	研究開発支出	×
			エネルギー効率	◎
	雇用	△	女性雇用	◎
			雇用の地域格差	◎
			失業　×	◎

※失業が◎になっているのは2002年の12％が08年に7％へ低下したため。その後は再上昇している。

印の説明
◎　目標に向かって明白に前進　　○　望ましい方向へ前進
△　望ましくない方向へ少し後退　×　望ましくない方向へ明確に後退
—　計測不能な領域

指標2　気候変動とエネルギー

温室効果ガス排出量 △	気候変動	部門毎の温室効果ガス排出量	エネルギー消費当たりの温室効果ガス排出量	○
			地表の平均気温（地球平均）	—
再生可能エネルギーの消費 △	エネルギー	エネルギー依存度 ×	総内陸エネルギー消費量	△
			再生可能エネルギーによる発電	△
			輸送におけるバイオ燃料消費	△
			熱と発電の複合施設	◎
			エネルギーへの暗黙課税	△

第 2 章　超 GDP の新指標と経済戦略

指標 3　持続可能な運輸

輸送によるエネルギー消費の GDP 比 ○	輸送と移動性	貨物輸送の手法別分割 △	貨物輸送量の GDP 比	△
			旅客輸送量の GDP 比	○
		旅客輸送の手法別分割 △	輸送インフラへの投資	×
			旅客輸送の価格	―
	輸送の影響	輸送による温室効果ガス排出 △	新乗用車からの 1km 平均 CO_2 排出量	△
			輸送によるオゾン層破壊物質排出量	◎
		交通事故による死者数 △	輸送による微粒子物質排出量	◎

指標 4　持続可能な消費と生産

資源の生産性 ◎	資源利用と排泄	自治体のゴミ ○	家庭内の物質消費	△
			自治体ゴミのリサイクルと堆肥処理	◎
			大気中への排出	◎
	消費のパターン	家庭の電力消費 ×	世帯数	―
			家計消費	―
			最終エネルギー消費	△
			自動車保有	×
	生産のパターン	環境の管理制度 ◎	エコ・ラベル	◎
			有機農業	◎
			家畜密度指数	◎

指標 5　天然資源の保全と管理

鳥類の豊富さ ○	生物の多様性	保護区域	◎	森林地域の枯木	―
	淡水資源	水の抽出	―	河川の水質	◎
魚資源の生存量 ×	海洋のエコシステム			漁獲能力	―
	土地利用	地表の変化	△	枯れ死による森の木の被害	△

指標6　健康

健康な寿命年数 ○	健康と健康の不平等 ◎	治療不要の病による死亡		自殺	◎
				満たされていない医療需要	―
	健康の決定要因	有害化学物質の生産		微粒物質による汚染大気の吸入	×
				オゾンによる汚染大気の吸入	×
				騒音被害	◎
				就労中の重大事故	◎

指標7　社会への包摂

貧困になる危険性 ○	金銭的貧困と生活状態			貧困の深刻度	×
				所得の不平等	×
	労働市場への参入度合	失業家庭	◎	就労していても貧困	○
				長期失業	◎
				男女賃金格差	―
	教育	学校早期中退者	△	教育への公的支出	―
				教育水準の低い大人	◎
				生涯教育	△

指標8　人口変動

高齢者の雇用比率 ○	人口	65歳における男の平均寿命	◎	出産率	○
				移民	―
		65歳における女の平均寿命	◎	労働力年齢人口に対する老齢人口	―
	高齢者の所得水準	65歳以上層のそれ以前と比較した所得比率	×	65歳以上人口の貧困リスク	○
	財政の持続可能性	政府債務	△	引退年齢	△
				高齢者への介護支出	―
				高齢化による公的支出への影響	―

第2章　超GDPの新指標と経済戦略

指標9　グローバル・パートナーシップ

公的開発援助　ODA ×	貿易のグローバル化	途上国からの輸入	◎	最貧国からの輸入比率	◎
				EU農産物への補助金	◎
	持続可能な発展のための融資	途上国への資金援助	◎	低所得国への直接投資比率	△
				低所得国への公的開発援助比率	○
				使途制限のない援助比率	◎
				社会基盤社会サービスへの援助	◎
				債務救済による援助	◎
	地域の資源管理	住民1人当たりのCO_2排出量	—	水供給と衛生のための援助	◎

指標10　良い統治

制度侵害の事例	×	EUの諸機関に対する市民の信頼	—
		EU法の適用	○
投票率	△	電子政府の利用可能度	◎
		電子政府の利用実績	◎
雇用税と比較した環境税	△		

（出典）欧州統計局　http://epp.eurostat.ec.europa.eu/portal/page/portal/product_details/publication？p_product_code = KS-78-09-865（EuroStat Sustainable Development Strategy 2009　p.41）

2005年以降、欧州統計局は2年おきにこのシリーズの報告書を出している。統計局による2009年版の報告書がとりわけ注目を集めたのは、3つの理由による。

第1に、EC委員会が同年7月、2020年に向けて「GDPを超えた」（beyond GDP）の指標作成指示を出した後だったことである。このため欧州統計局はGDPを超えた戦略の基礎になるような諸指標を検討し、発表してくるだろうという期待があった。

第2に、同年9月には、前述したように、スティグリッツ委員会が①GDP関連統計の改善、②家計の所得、消費、資産の3つに着目した経済指標開発、③発展の持続可能度に関する指標の開発——という3点からなる、統計改善の勧告を出した。この勧告は直接的にはフランス大統領に向けたもので、欧州統

図表2—10　持続可能な発展戦略　2009年7月の見直し 2009-7-24 EC委員会

1. 序論
　　経済成長、社会の結束と環境保護という3大目標を互いに強化しあいながら並立させ、実現していく。それが持続可能な発展戦略である。
　　07年12月、欧州理事会はEUの持続可能な発展戦略に関する第2回中間報告（1回目は2005年6月の24の指針——福島注）を09年6月までに提出するようEC委員会に求めた。この見直しが第2回中間報告である。

2. EUの政策決定における持続可能な発展戦略見直しの意味
　　持続可能な発展戦略の考え方が大成果を挙げたのは気候変動とエネルギー政策である。他の政策分野もEUは持続可能な発展戦略の中に統合を始めている。
　　(1) より良い規制——新立法の潜在的な影響評価（impact assessment）はより良い規制を実現した。
　　(2) 社会政策——同戦略により総合的な包括的な取組みが可能になり、EC委員会は「GDPを超えた」幸福の目標を開発することを発表した。
　　(3) 雇用指針——欧州雇用政策は持続可能な発展戦略の重要な一部。低炭素経済の発展がEU景気回復の推進役である。
　　(4) 企業の社会的責任——持続可能な発展戦略に基づき、EU加盟各国は企業の利害関係者（stakeholders）たちによる対話を促進する努力をした。

3. 持続可能な発展戦略による政策の進歩
　　(1) 気候変動防止　(2) 持続可能な運輸　(3) 持続可能な消費と生産
　　(4) 天然資源の保全と管理　(5) 健康　(6) 社会への包摂　人口と移民　EUの労働年齢人口は2013年から減少し、2050年には08年比で39百万人（12%）が減少する。就業率向上、生産性上昇、移民への社会への包摂が課題。(7) 地球規模の貧困と持続可能な発展の課題　諸外国との対話と協調を進める。(8) 教育と訓練　(9) 研究と開発　(10) 資金調達と経済的手段
　　持続可能な発展の将来
　　長期目標の中で重要なのは(1) 低炭素経済への移行、(2) 環境保全の努力、(3) 社会への包摂促進(4) 持続可能な発展戦略の国際的な側面の強化——である。

4. 結論
　　持続不可能な発展の傾向がまだ一部に残っている。気候変動への対応に見られるように、早めに行動を起こすと、低い費用でより多くの成果が早期に得られる。

（出典）http://eur-lex.europa.eu/LexUriSer/LexUrServ.do?=uri=COM:2009:0400:FIN:EN:PDF

計局にはこの勧告をそのまま受け入れなければならない義務はない。しかし、スティグリッツ報告には世界的反響があったので欧州統計局2009年報告がスティグリッツ報告をどの程度受け入れているかに注目が集まった。

　第3にEUの有力加盟国であるフランスのサルコジ大統領がとった対応である。同大統領の対応はスティグリッツ勧告について、①フランスの国立経済統

計局には直ちに報告に沿った統計作成作業を開始させる、②他の国々にも報告に沿った統計を作成し、採用するように呼びかける――の2本柱だった。フランス大統領の呼びかけがどれだけ功を奏するかに興味が持たれた。

■ 189の指標

欧州統計局は持続可能度を計測するのに必要な大指標を10に分けている（図表2―9参照）。それぞれの大指標（主要指標）の下には3つか4つの中心指標があり、中心指標の下には小指標（現状評価）がある。小指標は合計で189にもなる。

図表2―9では、左端に主要指標、真ん中に中心指標、右端に現状評価指標の各項目名を並べた。欧州統計局による各項目の改善度評価を、○×△で示しておく。

さらに、欧州統計局に指示を出した上部団体であるEC委員会が、2009年7月に出した持続可能な発展戦略に関する指示を箇条書きで抄訳し、要約しておいた（図表2―10）。

■ 成長ではなく発展

189もの小指標とそれに対する「評価項目」を見て気がつくのは、「成長（growth）」という言葉が全くと言っていいほどなく、「発展（development）」という言葉があふれていることである。指標を作る根拠になる元の文書の原文に「成長」という言葉がある場合はもちろん原文通り「成長」と言っている。しかし、それ以外ではすべて「発展」で統一している。

序文を書いているヴァルター・ラーダーマッハー欧州統計局長も、序文の中では一度も「成長（growth）」とは言わず、「発展（development）」という言葉しか使っていない。

これは「成長」というと、あるものが元の形のまま大きくなるという意味になるので、どうしても数字の膨張を評価基準にしてしまう。それに対し「発展」は、数字の増長だけではない、総合的な良い方向への質的変化を意味することが多いからであろう。ここに超GDP、脱成長率のEUらしい考え方が出ている。

■「まだ開発中」の指標が40

　189の指標にはいろいろな種類がある。欧州環境庁など外部機関で作成したものをそのまま用いる指標。欧州統計局が独自に開発した指標。まだ数字がなく、欧州統計局で「開発中」の指標など。開発中が計40（全指標の21％）もある。

　さらに政治や統治の指標に限っては、定量化して把握するのに適さないという判断から、「文脈の中で（contextual）」判断する指標だとして、統計開発の対象にしていない。「開発中」になっている指標を見ると、「倫理的基準を満たす金融」「住居水準の充分度」など、それを数字で表せと言われると、ウーンと考え込んでしまうような指標もある。「食料および飲料中のダイオキシンとポリ塩化ビフェニール濃度」という指標などは、必要な指標だが、まだ実際の検査と測定があまり行われていないことが、「開発中」になっている原因と思われる。

　いずれにせよ、欧州統計局の統計学者と経済学者は、未曾有の難問に取り組んでいる。

第3節　原点に忠実な2020年戦略

　EUの2020年戦略は経済成長率の目標数値のない戦略で、数値目標は教育などを中心とした超GDP指標であることを第1章で述べた。

　EU統合の原点は①市場統合によって経済効率を高める、と同時に②弱者に配慮する「社会的な」ヨーロッパを作ることであった（福島清彦『持続可能な経済発展―ヨーロッパからの発想―』税務経理協会2007年を参照されたい）。

　人的資本投資と社会保障充実、さらに地球温暖化防止によって経済発展を目指す2020年戦略は、統合の原点に忠実な戦略だと評価できる。人的資本投資について少し述べておきたい。

■教育強化で途上国を引き離す

　2020年戦略は、高校卒業率や大学生比率について目標を作って教育水準を

上げようとするだけではなく、今働いている労働者に対しても職業訓練をして高度の技術を身につけさせることを強調している。これは2020年戦略の重要な柱である人的資本投資であり、公教育の充実は政府支出の増加を伴う。

ヨーロッパでも低賃金の非正規雇用者が増えている。非正規雇用の人々に積極的な教育訓練をして、正社員並の仕事ができるように能力を高めて行くことが、時間はかかるが、正しい解決方法であろう。これから学校を出る若者たちを新貧困層にしないために、教育投資を増やし、若者たちの知識と能力を高めて行くことも、やはり、重要な貧困絶滅政策である。EU2020年戦略はあと10年で貧困層を今より2千万人減らすことを目標に掲げているが、人的資本投資で若者たちの知的水準が高まれば、貧困脱出もしやすくなる。能力が高くなると良い職に就き、良い収入を得やすくなるからだ。

このように、教育への政府投資と貧困軽減はつながっている。低賃金を武器にした途上国の追い上げでEUも経済競争にさらされているが、政府資金で教育水準を上げることにより、途上国ではできないような新製品、新サービスをつくり出すことは可能なはずである。人的資本投資は、それによって教育を受ける人の個人的な幸福度を高めるだけではなく、途上国を再び引き離そうとする先進国の21世紀型経済戦略だという側面を持っている。

グローバル競争と賃金の関係に関するこういう正しい理解に基づき、EUでは高校卒業率から社会人の再教育まで、EU共通の数値目標を設け、EU諸国民の知的能力向上を目指している（http://ec.europa.eu/education/lifelong-learning-policy/doc/com865_en/pdf）。

EUはブッシュ時代のアメリカほど経済成長はしなかったが、これはアメリカ流の「構造改革」に取り組むのが遅れていたからではない。グローバル競争時代における教育と経済の関係を正しく理解した上で、短期的な成長率を多少犠牲にしてでも、EU統合の原点である「社会的な」市場経済づくりを忠実に守り、推進しているのだという理解をすることが大切である。

弱者救済の「社会的な」市場経済づくりは、EU域外の発展途上国支援政策にもつながっていく。コペンハーゲン会議で決まった途上国環境援助（2010年

から 12 年までの 3 年間で 300 億ドル、2020 年までに 1000 億ドル)のうち、かなりの部分を EU 予算で支出する。EU 域内での新エネルギー投資とあわせ、途上国環境援助も、増税と成長率低下につながっていく要因である。

　以上のように、途上国を再度引き離すための教育投資増大も、途上国への援助も、原因となって、EU にとっては高めの経済成長率目標を立てるのが困難になっている。EU が 2020 年に向けた長期戦略で、長期的な経済発展を生み出す教育や研究開発支出、新エネルギー投資については数値目標を設けたが、経済全体の成長率目標を出さなかった理由はここにある。

■ EU 戦略の一貫性と進化

　EU の 2020 年戦略は初めての超 GDP 戦略であり、①GDP 成長率にこだわらない、②暮らしの質と持続可能性を重視する、③人的資本と新エネルギーに投資する……という 3 本柱からなる。2020 年戦略の 3 本柱は、別の視点から見ると、EU が 1983 年以降、提案し、時間をかけて練り上げ、実行してきた「持続可能な発展戦略」が進化した結果、行き着いた当然の論理の帰結である。

　図表 2—11 に EU の持続可能な発展戦略の系譜を示した。

図表 2—11　EU 持続可能な発展戦略の系譜

1983	欧州諸国の提唱で国連が「環境と発展に関する委員会」を設立。ノルウェー首相グロ・ハーレム・ブルントランドが委員長に就任
1987	同委員会が「われわれの共有する未来」という報告書を発表
1992	リオ国連環境会議(ブラジルのリオ・デ・ジャネイロで開催) 持続可能な発展の思想普及に EU が主導的役割
1998	カーディフ欧州理事会 EU の環境重視政策を確認
2001	EU(最初の)「持続可能な発展戦略」採択 EU 統治白書採択
2002	バルセロナ欧州理事会「持続可能な発展への欧州の貢献」という政策提案を採択
2002	ヨハネブルグ持続可能な発展首脳会議
2004〜05	EU が持続可能な発展戦略を見直し
2006	EU(更新版)「持続可能な発展戦略」採択
2010	持続可能度を高めることを重視する「2020 年戦略」を採択

(出典)欧州統計局「EU 内の持続可能な発展」

1983年に国連が「環境と発展に関する委員会」を設置し、87年に「われわれの共有する未来」という報告書を出した際にも、それを主導したのはヨーロッパ諸国であった。環境重視をEU自身の戦略だと正式に決めたのは、1998年英国南西部ウェールズ地方のカーディフで開かれた欧州理事会（EU加盟国の首相、大統領の会合）においてであった。

2001年に最初の「持続可能な発展戦略」を採択してからは、EUは加盟国に対しても、世界的な交渉の場においても、持続可能な発展を重視する政策を採択し、実施するよう働きかけを強めてきた。2009年のコペンハーゲン会議では、EUが提案した、途上国にも（何もしない場合より）10％から15％程の削減を求める温室効果ガス削減目標は採択できなかった。しかし、コペンハーゲンでの挫折以降もEUは経済発展の持続可能性を重視する戦略を進め、2020年戦略を採択した。

EU2020年戦略を、1983年以来もう30年近く、首尾一貫して進めてきた発展戦略が進化したものとして、理解することができる。

■ 時代に合わせた戦略の進化

1983年以降という比較的最近時点との比較ではなく、もっと長期にEU戦略を見ると、EUの戦略が時代の変化に合わせて変わってきていることが分かる。図表2―12で、欧州統合開始以来のEU戦略の変遷を見た。

図表2―12　EU戦略の変遷

時　期	1957―2000	2000―2010	2010―2020
戦略名	ローマ条約・ドロール戦略	雇用と成長のためのリスボン戦略	2020年戦略
政策スローガン	市場統合の深化	EU拡大	超GDP 5大数値目標
政策手段	規制統一、市場統合、対外貿易統合	通貨統合	新エネルギー投資
経済の論理	主として規模の利益	通貨リスク絶滅、財政規律、低インフレ、全要素生産性向上	人口減少下での労働力の質の向上
主な投資分野	製造業新技術への投資	教育投資	人的資本投資

（出典）筆者作成。

1957年ローマ条約を結んで統合を開始して以降、2000年までのEUの主な政策目標は、市場統合を進め、EU域内を出来るだけ単一の国内市場に近いものにすることだった。1951年の欧州石炭鉄鋼共同体ECSC設立から1955年の共通農業政策CAP採用、対外共通関税導入、貿易政策の一元化、1985年から1992年までに行った単一市場実現を命じる300の指令とその実行、2000年の共通通貨ユーロ導入、欧州中央銀行設立までの長い動きを、ここでは1つの時期と見ることができる。

　EU域内でヒト、モノ、カネの移動は基本的に自由となり、巨大市場による規模の利益が実現した。2000年から2010年までの10年間、2つの政策課題は、①15から27に増えた加盟国拡大を円滑に進める、②史上初の実験的通貨、ユーロを成功させる……ことだった。旧ソ連領のバルト3国にまで拡大したEU加盟国をまとめてゆく課題はEUの拡大（widening）と呼ばれ、通貨統合に象徴される更なる市場統合はEU統合の深化（deepening）と呼ばれた。

　労働力人口が増加していたこの時期のリスボン条約は、「雇用と成長」をスローガンに掲げ、経済規模拡大を主要目標の1つにしていた。リスボン戦略の想定年平均経済成長率は3％だった（実績は2％）。

　これに比べ、2010年から始まった2020戦略は、成長（今のままでの規模拡大）を柱にしていない。人口減少下で労働力の質を向上させることと、新エネルギーに投資して経済発展を持続可能にすることを戦略の柱にしている。これは人口減少時代と地球温暖化時代に合わせ、長期戦略を作り直す必要があったからである。

　EU戦略の持続可能性重視は一貫しているが、その中でも、時代の要請に合わせ、EU戦略は進化している。2000年から2010年までのリスボン戦略は、人的資本投資と新エネルギー投資を掲げる2020年戦略にEUが到達するまでの、過渡期の戦略だったと、今では評価することが可能である。

第4節　米国の新指標開発法

　米国が全国主要指標 KNI 開発法を 2010 年 3 月に決めたことは最初に述べた。だがこの法律は、そういう名称の法案が上程され、単独で可決成立したのではない。もっと大きな法律の中に超 GDP 法案が挿入される形で成立したのである。

　大きな法律とは 2010 年 3 月に成立したアメリカの国民健康保険法である。健保法は全文 908 頁もある膨大な文書（法律番号 111-148）だが、その中の 562 頁から 566 頁までの 5 頁分は、健康保険と無関係な、超 GDP 指標開発法である。

　新指標開発法案は以前から提案され、議会で審議中だったが、2010 年になって急遽健保法案の中に指標開発法案が健保法第 5,605 条としてそのまま取り込まれた。アメリカの法律制定では、どういう法律に何をくっつけても構わない決まりになっているからだ。

　アメリカでの新指標開発は、フランスでのように大統領の鶴の一声で決まったのではない。20 年近い地域活動が発展し、実を結んだ。図表 2―13 にアメリカでの新指標開発に至る小史をまとめた。1989 年以降、地方の自治体で地域の幸福度指標のようなものが作られ、2003 年にはそれが全国運動になる。

　2005 年には全国科学アカデミーが加わり、新指標開発を理論的に支援するようになった。高まってきた国民の希望が、経済学者、統計学者や多くの専門家の頭脳と結合したのである。

　2007 年からは、将来新指標開発にあたることを予期した民間組織「アメリカの現状（SUSA, State of the USA）」が作られた。SUSA は多くの財団から資金を獲得、指標開発の準備をし、指標を試作した。第 1 章で述べたように、2008 年には、新指標のうち、健康に関する指標の案を米国医療研究所が作成、発表している。この健康指標は第 1 章で図表 1―6 として紹介した（29 ページ参照）。議会での審議はその後も続き、健保法成立の際に、超 GDP 指標開発法も、ついに法律として制定されることになった。

図表2—13　米国の超GDP指標開発史

前史（地域活動）
1989年以降、多くの地域社会、市、郡、地方、州で、各地域の主要指標開発が始まる。2010年には地域の主要指標開発をした自治体の数が100を超えた。

全国運動	
全国の運動目標はより多くの情報に基づいて説明責任を果たす民主政治の実現。	
2003年	全国超GDP指標（主要全国指標）開発運動を多くの市民組織が開始。
2003年2月	政府検査院（GAO, Government Accountability Office. 日本の会計検査院にあたる政府機関）が全国科学アカデミー（National Academy of Sciences）と共同で、主要指標開発に関するフォーラムを開催。
同年5月	政府検査院がフォーラムの結果をまとめた報告書（全文66頁）を刊行。
2003年夏	上院科学技術および運輸小委員長が、政府検査院に①既存の主要指標開発の現状②主要全国システムの開発で議会が取りうる行動……の報告書作成を依頼。
2004年11月	政府検査院が依頼に基づく報告書「国民へのお知らせ……米国の地位と進歩の評価をどう改善して行くのか」を発表。
	報告書に従って、新指標開発のための全国調整委が作られ、開発の支援と宣伝を開始。

全国科学アカデミーによる育成期間	
2005年	これから2年間、全国科学アカデミーが全国主要指標の開発事業Key National Indicators Initiative を開始。主要な民間財団がこれに資金を提供。官民の各部門から多くの個人が、全国科学アカデミーが統括する新指標開発事業に参加。新指標システムで将来用いるための展示用ウェップ・サイトを開発。新指標システムの開発を支援する組織のあり方についても選択肢を提示。
2006年後半	主要全国指標開発事業（KNI）は、全国科学アカデミーと協議、新指標開発を行う組織は、政府検査院の提案に沿った組織がよいと結論を出す。
	その組織は、独立、民間、超党派で、非課税組織で政府とパートナーを組めるが、業務の遂行上、社会の多くの部門やレベルの組織と協力することも出来る。

超党派支持で超GDP指標開発法を制定	
2006年11月	政府検査院が主要全国システムの開発を勧告する報告を議会に提出。
2007年3月	民間組織「アメリカの現状」(State of the USA, SUSA) が設立される。
	近い将来新指標開発を連邦政府が制定することを予期した非営利組織設立である。
7月	民間組織「アメリカの現状」SUSAが活動開始。主要全国指標システムの開発、民間財団からの資金調達、連邦政府との調整、官民パートナーシップの準備に着手。
2008年11月	全国科学アカデミーに属する研究機関、国立医療研究所が、GDP統計には含まれていない医療について報告書を出し、健康に関する20の指標を発表。
同年12月	主要全国システム開発法案を2議員が共同提出。不成立。
2009年	同年中、前年に出た主要全国指標開発法案に議会内支持が増加。
2010年3月	同法案を簡略化した法律が、アメリカ国民健康保険法の一部として成立。

（出典）www.stateoftheusa.org/about/history/
http://books.nap.edu/openbook.php?record=id=12534 に筆者が加筆。

指標開発の予算額も、法律で決まっている。2010年度は、初年度でシステム開発などに費用がかかるため、1千万ドル（1ドル＝90円レートで9億円）、それ以降は年750万ドル（同6.75億円）が2018年度まで支出される。これまで新指標開発を独自に進めてきた民間組織「アメリカの現状」SUSAが、全国科学アカデミーの指導下で、新指標開発に当たることが決まった。

しかし、EUにおけるスティグリッツ勧告のような、新指標作成に関する水準の高い基本文書がアメリカにはないので、（健康に関する部分を除けば）新指標の輪郭はまだ見えない。またEUのように長年進化してきた「持続可能な発展戦略」のような長期戦略はアメリカにはない。政府が長期経済戦略を作り、国民がそれを注視し、経済活動の指針にするというのは、ある意味でアメリカの文化に反することだからである。このため新指標が開発されることは確実だが、それがどれだけ実際の経済政策に採用されるのか、予想しにくいところがある。

ヨーロッパの統計局、とりわけフランスは世界に先行して、新指標開発と採用に取り組み始めた。ヨーロッパはようやく、18世紀から続いたGDPの呪縛から自らを解き放ち始めたのである。アメリカも指標開発では欧州と同じ動きを始めた。

ヨーロッパで始まったGDP超克の試み（超GDPの経済戦略）は、GDPに拝跪する途上国の戦略（拝GDPの経済戦略）と対立せざるを得ない。この対立が一気に表面化したのが、2009年12月コペンハーゲンで開かれた気候変動防止のための国際交渉であった。これについては次の第3章で見る。

第3章

地球温暖化と中国・インドのGDP極大化戦略

　これまで欧米が超GDPの新指標を開発し始めたことを述べ、新指標の内容とその意味を検討してきた。しかし、GDPを超える指標開発と経済戦略の実施に向かっているのは2011年初めの時点では先進国だけである。

　高度経済成長を開始した中国とインドはGDP成長率を極大化し、国の経済規模拡大によって一刻も早く豊かになりたいと考えている。したがって成長率を低下させる要因である二酸化炭素排出量の削減について、世界的な数値目標を決めることには断固反対している。このため、2009年12月、デンマークのコペンハーゲンで開かれた国連の会議COP15は、削減数値目標が決められず、失敗に終わった。翌2010年12月、メキシコのカンクンで開かれた国連の会議COP16も同様に、削減目標を決められない、空疎な会議に終わった。気候変動防止対策を決める国際交渉の決裂は、GDP成長率に関する経済戦略の対立だと見ることができる。

　そこでこの章では、まず、コペンハーゲン会議での発言に現れた中国・インドのGDP崇拝戦略を紹介する。次に、交渉が決裂したのは、当面の経済成長（富の創造）を犠牲にして子孫を気候変動による災害から守るために、どの国がどれだけカネを使うのかについて、先進国と高度成長中の途上国の間で意見が一致しなかったからであることを指摘する。ついで、4ヶ国からなる途上国のベイシック・グループが言い始めた「炭素空間の平等な利用権」という主張を検討する。最後に、中国とインドがGDPの短期極大化戦略を推進していることも大きな原因となって、今世紀半ばまでには気候変動による大災害が避け

第3章　地球温暖化と中国・インドのGDP極大化戦略

られなくなったことを述べ、日本についても短く言及して、この章を終える。

第1節　国際合意を妨害した中国・インドのGDP極大化戦略

　2009年12月、コペンハーゲンに乗り込み、現地で中国外交団の外交交渉を陣頭指揮した温家宝・中国首相は、10分ほどの短い演説でも「200年前の産業革命以降、二酸化炭素発生量の80％は先進国が排出してきた。(中略)中国には国連の基準による貧困層以下の人々が1億5千万人もいる。(中略)気候変動に対する政策は、途上国の貧困と後進性を継続するものではなく、持続可能な発展の枠組みの中で作っていかなければならない。」と述べた(www.sourcejuice.com/1287795/2009/12/19/Chinese-Premier-Jiabao-climate-change-conference-Copenhagen-Summit-Speech/)。

　中国のような途上国は二酸化炭素排出量を増やしてでも、貧困脱出のために経済成長をする権利がある。今起きている温暖化の主な原因は先進国による200年来の排出にある。主として先進国が温室効果ガス排出量を削減して、途上国の経済発展を持続可能にするべきだという訴えで、典型的な先進国責任論である。

　高い経済成長を継続して早く豊かになりたい。短期の経済目標達成こそ大事で、そのためには炭素ガスを大量に出しながら経済発展して、結果として地球温暖化が多少進んで被害が出ても、仕方がない、という主張が（そこまで明確には言っていないが）、滲み出ている。先進国責任論をもとに、途上国の温室効果ガス排出量増大容認論を唱えている。

　中国の立場は、「豊かな先進国は成長率をスロー・ダウンできるゆとりがあるかもしれないが、われわれは貧しいのだ。だから待てない。もっと温室効果ガスを出してでも高い経済成長を持続したいのだ」ということに尽きる。先に紹介した温家宝首相のコペンハーゲン演説にはこういうくだりがある。

　「先進国はいま繁栄した生活を楽しみ、途上国よりはるかに多量の1人当たり排出をしており、その多くは消費を支える排出である。これと対照的に途上

国の排出の多くは生き残るための排出（survival emissions）であり…（以下略）」（www.sourcejuice.com/1287795/12/19/Chinese-Premier-Jiabao-climate-change-conference-Copenhagen-Summit-Speech/ および http://news.xinhuanet.com/english/2009-12-18/content-12668022.htm）

ここでの中国からの温室効果ガス排出量は、この本の他の場所で紹介した数字と異なる。これはこの研究者たちが独自に推計した数字だからで、公式数字とは異なる。

■ 数値目標拒絶は勝利

インドのマンモハン・シン首相もコペンハーゲンでの演説では、（1人当たりという話しはしなかったが）「インドは自主的にGDP比で20％削減する。もっと援助が得られれば、インドは更なる行動を取る。」と述べた（www.india-server.com/news/manmohan-singh-endoress-jpcc.20583.html）。

排出の絶対量を減らすとは一度も言わず、更なる援助と引替えになら、もう少しGDP比で削減してもよい（それでも排出絶対量を増やし続けるが）、ということである。「われわれは排出量を増やして地球温暖化を進めるぞ」「温暖化の被害を少なくしたいのなら、先進国はもっとカネを出せ」と言っているのと同じことである。ブラウン英国首相が「一部の国が温暖化防止政策を人質に取り、政策実施と引替えに身代金を要求した」と会議後の声明で述べたのも、理由のないことではない（www.outlookseries.com/N4?Sciemce/3029_Gordon_Brown_Copl5 Disappoint.htm）。

インドの考え方をジャリアム・ラメシュ環境・森林相は、コペンハーゲン会議後、もっと明白に語っている。ラメシュ氏はインド国会で、コペンハーゲンでの「勝利」を報告する演説を行った。

「発展途上国が大気圏の資源を利用する平等の権利を有することが（コペンハーゲン合意で）保証された。」「途上国の排出量が何年にピークを迎えるべきかは決めなかった。」産業革命以前に比べ2℃以内という「温度上昇幅の目標を決めただけで、排出量の数値目標は決めなかった。」と述べた（http://moef.nic.in/downloads/public-infonnation/COP% 2015_meet.pdf）。

第3章　地球温暖化と中国・インドのGDP極大化戦略

こうした事実を挙げた上で「インドは自国の主張を通すことができたことに満足している」と締めくくり、温室効果ガス削減量の数値目標を会議では決めさせなかったことはインドの勝利だとする勝利宣言を出している。

先進諸国にとっては温室効果ガス排出量を削減する数値目標を決めるのが、この会議の目的だったのだから、数値目標が出せなかった点で、この会議は失敗であった。コペンハーゲンで世界の数値目標を決めようと早くから準備し、意気込んでいたEU（欧州連合）諸国は落胆している。バローゾEC委員長が会議終了直後、ブリュッセルに戻って行った記者会見で、冒頭から「私は失望を隠さない」と述べているほどだ (http://ec.europa.eu/news/enmironment/091221_en.htm および http://ec.europa.eu/commission_2010-2014/president/pdf/091219_opening-remanks-jm-barroso-chagen-press.conf.pdf)。

しかし、同時に見方を変えればこの会議は大きな意味のある会議であった。化石燃料から再利用可能エネルギーに移行するという、今世紀前半の世界経済にとって最も重要な課題について日欧米の先進国グループと中国・インドを中心とした一部の発展途上国グループの間には、抜き差しならない重大な利益の対立があることが、会議を通じて浮き彫りになった。削減目標数字の設定をあくまで拒否する中国の姿勢はきわめて強硬で、中国が数値目標拒絶の頑固な態度を改めない限り、国連が主催する会議の場で数値目標の採択は不可能であることが分かった。経済規模拡大が政策目標としてどれだけ重要か、ということに関する経済戦略上の位置づけが、先進諸国と中国インドでは全く違うからである。

近い将来、2つのグループの意見が一致する見込みはない。このことが身に沁みて分かったことは、1つの成果である。

温室効果ガス削減率をどういう基準で各国に割り当てるのか。これまでに国際会議で3つの基準が出された。図表3―1にそれをまとめた。

■ 削減量割当てに3基準

産業革命以来の排出量の累積が大きな原因だという立場を取れば、先進国が多めに削減するべきだということになる。図表3―1の上部にある①の考え方で、

中国をはじめとする途上国の間ではこういう主張が多い。同じ途上国でも、未だに人口急増中のインドなどは、図表3─1の右下にある③で示したように、1人当たりの温室効果ガス排出量を重視する。地球上に生まれた人は誰も1人当

図表3─1　温室効果ガス削減割当ての三律背反（国益対立）

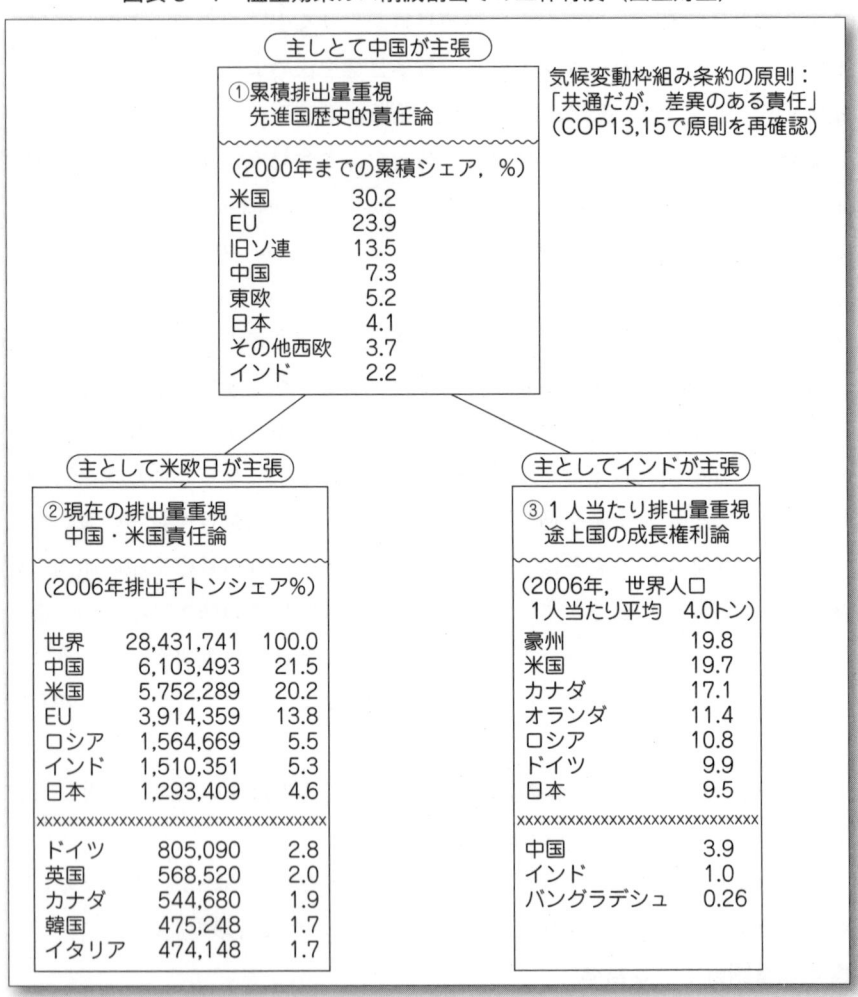

主しとて中国が主張

①累積排出量重視
先進国歴史的責任論

（2000年までの累積シェア，%）

国	%
米国	30.2
EU	23.9
旧ソ連	13.5
中国	7.3
東欧	5.2
日本	4.1
その他西欧	3.7
インド	2.2

気候変動枠組み条約の原則：
「共通だが，差異のある責任」
（COP13,15で原則を再確認）

主として米欧日が主張

②現在の排出量重視
中国・米国責任論

（2006年排出千トンシェア%）

国	排出量	%
世界	28,431,741	100.0
中国	6,103,493	21.5
米国	5,752,289	20.2
EU	3,914,359	13.8
ロシア	1,564,669	5.5
インド	1,510,351	5.3
日本	1,293,409	4.6
xxxxxxxxxxxxxxxxxxxxxxxx		
ドイツ	805,090	2.8
英国	568,520	2.0
カナダ	544,680	1.9
韓国	475,248	1.7
イタリア	474,148	1.7

主としてインドが主張

③1人当たり排出量重視
途上国の成長権利論

（2006年，世界人口
1人当たり平均　4.0トン）

国	トン
豪州	19.8
米国	19.7
カナダ	17.1
オランダ	11.4
ロシア	10.8
ドイツ	9.9
日本	9.5
xxxxxxxxxxxxxxxxxxxxxxxx	
中国	3.9
インド	1.0
バングラデシュ	0.26

（出典）http://en.wikipedia.org/wiki/list_pf_countries_by_carbon_dioxide_emissions
　　　　http://www.downtoearth.org.in/default20071215.htm
　　　　寺西俊一監修『環境共同体としての日中韓』集英社 2006年 p77

第 3 章　地球温暖化と中国・インドの GDP 極大化戦略

たりで同じ量の二酸化炭素を排出する権利があるのだ、という考え方もある。その考え方に立つと、現在世界の 1 人平均排出量は約 4 トンなので、1 人当たりで 1 トンしか排出していないインドには削減の義務などない。もっと排出量を増やす資格があることになる。

もっと排出する権利があるといっても、上空約 1 万メートルのところにある温室効果ガス層はもう厚くなりすぎ、気候変動が進行している。だから 1 人当たりだとか、産業革命以来、大量の排出を続けてきた先進国に歴史的責任があるとか言って、自国への排出量削減割当てを減らそうと議論をしている場合ではない。今の排出量を早く、大幅に減らすべきだというのが先進国の主張である。もう始まっている気候変動による災害を一層深刻なものにしないためには、今の大量排出国（中国、アメリカ、EU、ロシア、インド、日本）が今すぐ巨額の削減を行うしかないことは明らかである。それからすると、図表 3―1 の左下の②のように、先進国だけではなく、排出量の多い中国とインドも大幅に減らすべきだということになる。

しかし、2009 年 12 月、コペンハーゲンの会議では、中国もインドも先進国責任論に固執し、世界の削減数値目標を決めさせなかった。このため、アメリカもヨーロッパももはや中国・インドの協力なしでも、温室効果ガス排出量削減のための巨額投資を、それぞれ独自に行う決意を固めた。この投資は、短期的には経済成長率を低くする要因である。それでもこのような一方的な削減をするための投資を行うことを欧米各国が決めたことの背景には、欧米各国が経済戦略の中で GDP の拡大にはそれほどこだわらなくなってきているという変化がある。

米国の有力新聞ワシントン・ポスト紙が会議終了後に社説の中で書いた「中国が何もしなくても、米国は輸入石油依存から脱却することが必要だ」（*Washington Post* 2009-12-20 Editorials）という指摘は、米国政府がコペンハーゲン会議後に到達した結論を代弁していると言ってよい。

ニューヨーク・タイムズ紙のコラムニストであるトーマス・フリードマンはもっとはっきり述べた。「アメリカが主導する世界的な競争（中略）の方が国

連会議での自主的な、拘束力のない約束のお祭り騒ぎよりも、二酸化炭素排出量を競争それ自身の力によって持続的に、はるかに大きく減らしていくだろう。(二酸化炭素を減らすための…引用筆者) 地球に住むすべての人々の競争（Earth Race）を始めよう。」(Thomas Freedman' Off to the Races' *New York Times* 2009-12-20)

地球上に住む人類の生存環境を守るために各国が始める技術開発と投資の競争を「地球ぐるみの競争」アース・レースと表現したところに、フリードマン氏のジャーナリストとしての表現力がある。

第2節　悪役交替と削減割当ての3基準

■ 悪役交替

アメリカは2005年まで世界1位の温室効果ガス排出国であった。2012年までに温室効果ガス排出量を1990年比7％削減する義務を負っていたが、ブッシュ大統領の下でアメリカは、そのような義務をアメリカに課している京都議定書から脱退した。2007年12月にインドネシアのバリ島で開かれた気候変動防止のための国連の会議で、アメリカは完全に孤立し、地球温暖化を進める悪役になった（福島清彦『環境問題を経済から見る』亜紀書房　2009年　第四章参照）。

だが、先に紹介した2009年の会議では、悪役が代わった。オバマ大統領の下でアメリカは、削減率が少なすぎるという批判を受けてはいるが、温室効果ガス削減に向けて動き始めた。代わって、中国とインドが地球環境破壊を進める悪役になった。両国は削減目標数値の採択を拒絶し続けたからである。

中国やインドも、数値目標採択は拒絶したものの、国内では太陽光発電や風力発電に巨額の投資をしている。二酸化炭素を出さない新エネルギーへの移行に力を入れてはいるのだが、経済の高度成長が続いているので、エネルギーへの需要が急増している。再利用可能な新エネルギーを増産してもそれだけではとても需要を満たせない。このため、今後も少なくとも2030年までは、石炭を中心とした化石燃料の増産に頼らざるを得ない。化石燃料の増産は二酸化炭

素の排出量増加をもたらす。

　今後も温室効果ガスの排出量大幅増加が確実なので、国連の会議で排出量の上限数値目標を国ごとに決められると、中国やインドは困る。というのは、上限数値を守るために、中国やインドは石炭や石油など化石燃料の生産量を減らさなくてはならなくなる。そうなると、経済発展に必要なエネルギーの供給が減るので、経済成長率は低下する。一刻も早く豊かになりたいという思いに駆られている途上国の政治指導者にとって、成長率をスローダウンするのは、耐え難い苦痛であるように映る。このため、中国とインドは、エネルギー革命の必要性を十分理解し、国内で新エネルギーへの投資を大幅に実施しているにも関わらず、コペンハーゲン会議で数値目標拒否を貫き通したのである。

　このことを数字を入れて説明しよう。

　国際エネルギー機関（IEA, International Energy Agency）は2009年冬、2030年までの二酸化炭素排出量見通しを発表した。

　図表3—2で世界の二酸化炭素排出量を1990年と2007年について比較した。両年の排出量を比較すると、先進国を中心とした第1グループ（図表中の左側の棒）の二酸化炭素排出量は17年間でほとんど増えていないが、途上国を中心とした第2グループ（図表中の右側の棒）の伸びが大きいことである。非先進国の第2グループの排出量は17年間で60億トンから約140億トンへ2倍以上に増加した。このグループの中でも、中国、インド、ブラジルの排出量増加が目立っている。中国、インド、ブラジルに、南アフリカをも加えた4国の排出量の伸びが大きかった時代だと、1990年から2007年までを見ることができる。

　では2008年以降の国別排出量はどうなるのか。温室効果ガス排出量そのものの予測はないが、国際エネルギー機関は2030年までの国別エネルギー需要を、エネルギー源別に予測している。図表3—3の折れ線グラフでエネルギー需要総量の変化を見ると、上半分にある中国とインドの合計需要量の増加が目立つ。

　人口大国である中国とインドが21世紀に入り本格的な工業化と高度成長を開始した。これは世界経済の発展にとって好ましい変化ではあるが、二酸化炭

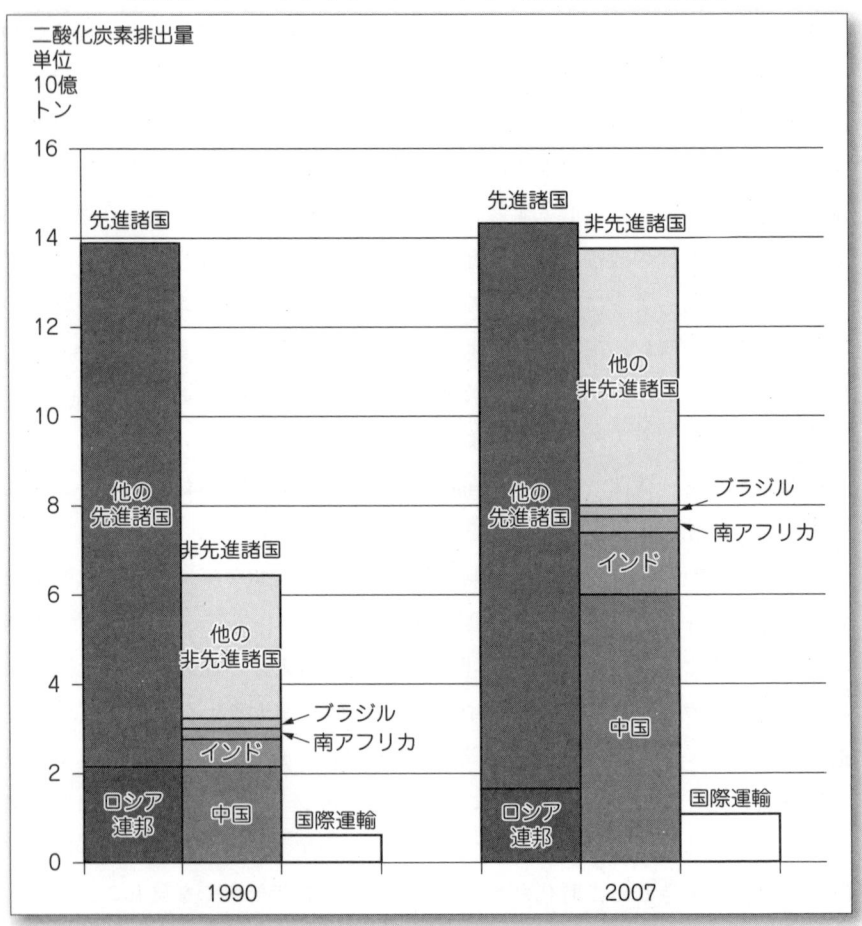

図表3―2　ベイシック・グループの二酸化炭素排出量増大

二酸化炭素排出量
単位
10億
トン

1990年／2007年の積み上げ棒グラフ:
- 先進諸国（ロシア連邦、他の先進諸国）
- 非先進諸国（中国、インド、ブラジル、南アフリカ、他の非先進諸国）
- 国際運輸

（出典）IEA CO2 Emissions from Fuel Combustion, Highlights（2009 Edition）page 17
（ポイント）1990年から2007年にかけて、ベイシック・グループ（ブラジル、南アフリカ連邦、インド、中国）の排出量急増。先進諸国はほとんど増えず。

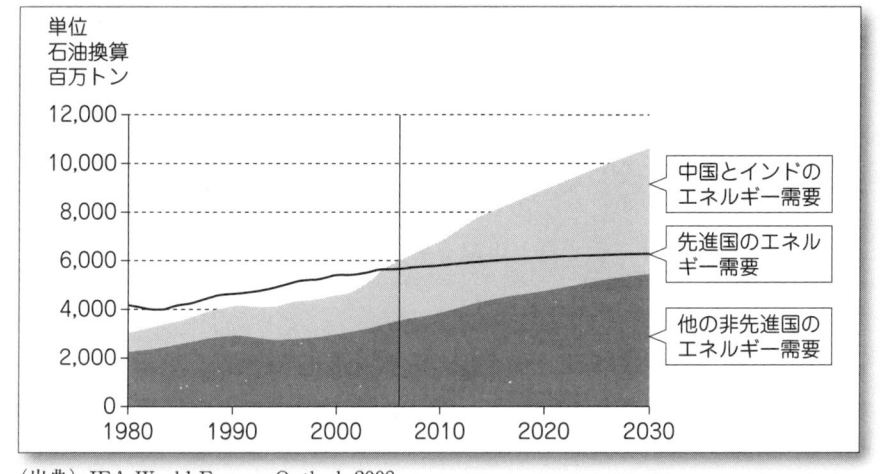

第3章　地球温暖化と中国・インドのGDP極大化戦略

図表3—3　地域別エネルギー需要の伸び予測

(出典) IEA World Energy Outlook 2008

素排出量を低下させて一刻も早く低炭素経済に移行しなければならないという世界的な要請からすると、人口大国が二酸化炭素排出量を増やしながら経済成長をするのは好ましくない。

■ 中印の「削減」、実は増加

　世界192の国と地域から代表が集まって、コペンハーゲンで開いた会議の目的は2020年までの温室効果ガス排出量の削減目標を決めることだった。ところが2008年の時点でそれぞれ世界1位と5位の大排出国であった中国とインドは、これから2020年にかけて排出量をさらに増加する計画である。1990年比で2020年までに排出量を、アメリカは3％削減、EUは20％削減、日本は25％削減という計画を国連に提出している。その数字を図表3—4に示した。

　日米欧とも、二酸化炭素を出さない新エネルギーへの投資をすることになるので、その分経済成長率は低下する。それでも、子孫が涼しい地球で暮らせるようにするべきだ。議論の焦点は何とかもう少し削減率を上乗せできないか、ということだった。

　この会議の席へ、もし中国とインドがそろって自ら実情を暴露し、「いや、

わが国は削減どころか、もっともっと温室効果ガス排出量を増やして地球温暖化を進める予定だ」と正式に発表したらどうなっていただろうか。中国とインドは世界世論とマスコミから袋叩きにあっていたに違いない。そこで中国もインドも一計を案じた。それが「GDP比削減」という発表の仕方である。実際には中国政府もインド政府もこれから2020年にかけて、自国の温室効果ガスの排出量をいまより30％から70％は増やす見通しを立てている。図表3―4で示したように、1990年比で見た中国やインドの排出量は2倍増から4倍増である。

■「GDP比削減」というペテン

大幅増を削減だと言いくるめる「GDP比削減」とはこういうことである。仮にA国が年に100万ドルの経済活動（GDP、国内経済生産）をして、それに伴い100トンの二酸化炭素排出をしているとする。A国は高度経済成長を続け、10年後に経済規模が3倍の300万ドルになった。すると、経済規模と排出量の比率がそのままなら、10年後の排出量は300トンに増えているはずだ。

だが、A国はその10年間で経済効率を改善し、国内総生産は100万ドルから300万ドルへ3倍に増えても、排出量は3倍の300トンではなく1.5倍の150トンにしか増えなかったとしよう。すると、排出量はGDPに対する比率では300トンのはずが150トンに減ったので、「GDP比50％削減」という表現ができる。

しかし、これにだまされてはいけない。10年後のA国の温室効果ガス排出量は、今の100トンから150トンへ50トン（50％）も増えているのだ。50トンも増やす見込みなのをGDP比「50％削減」と表現して、あたかも大幅に削減しているかのような誤解を世間に与えることができる。

こんな子供だましのような手法を実際に中国とインドはコペンハーゲン会議で使い、各国のテレビと新聞の目を欺くことに成功した。

温暖化の進行を食い止めるには、GDPに対する比率ではなく、温室効果ガス排出量の絶対量を何トンも減らすことが重要なのだ。それなのに、中国とインドは記者発表資料や演説の中で、何トンという数字を一切出さなかった。中

国は「GDP比で20％から25％削減」、インドも同じ「GDP比20％から25％削減」という説明に終始した。

実際に中国とインドの排出量は2020年にかけてどれくらい増えそうなのか。答えは中国の排出量が2020年の排出量が、78.5億トンで、これは基準年1990年の3.24倍になる（7％成長し、経済効率化でGDP比45％の削減をした場合の数字。前提条件を変えると、二酸化炭素排出量がもっと増える。長岡技術大学教授　李志東氏の計算。2009年12月12日同氏が日本華人教授会で行った報告による）。

2005年と比較しても、2020年の78.5億トンは29％増加である。基準年に比べ3倍以上に排出量を増やすのに、それをGDP比45％削減という表現にした。

インドの手口も同様だ。排出量は1990年の10億トンが2020年にはその2.6倍の26億トンに増加するという試算を、インド政府はホーム・ページで示している。

2030年の排出量についてインド政府は5つの異なるモデルを使った5つの予測値を出し、「そのうちどれが基本シナリオになるという判断をインド政府はしていない」と述べている。これでは2020年の排出量予測が出来ない。そこで、ここでは2031年に排出量が40億トンになるという、5つのモデルの中では最も低い予測数値をとり、今後2031年にかけて毎年の排出量が同じ比率で伸びて行くという前提で、2020年の排出量を比例配分で計算した（http://moef.nic.in/downloads/home/GHG-report.pdf）。

これは2006年に比べても75％増である。実際は基準年の1990年に比べると2.6倍に増えるのに、インド政府の公式発表は一貫して「2020年にかけてGDP比20％から25％削減する」という表現しかしなかった。3倍近い増加を「削減」というのはひどいペテンである。

どうして世界のマスコミは、ウェッブ上で得られる資料を読んで事実を知り、「中国とインドの排出量は削減ではない、大増加だ」と報道しなかったのだろう。旺盛な批判精神で国民に真実を伝えるべきマスコミが、政府の宣伝の受け売りに終始していたのは、大変残念である。

中国とインドは最近年と比較しても2020年までに温暖化を促進するガスの

排出量を最低でも30％から70％増加させる。経済をできるだけ高く成長させ、1日でも早く豊かになりたいという自国民の願望を達成するために、中国とインドの政府が温暖化防止（の努力はするが、それ）よりも経済成長最優先の政策をとっているからである。

■ **コスト増と低成長を生む新エネルギー**

ここで注意しなければならないのは、二酸化炭素排出量を減らすために、エネルギー源を化石燃料から再生可能エネルギー（太陽光、風力など）に変えていくことは、（他の条件に変化がなければ）経済活動におけるコスト増と、それに伴う経済成長率の低下をもたらすということである。

分かりやすい例を挙げる。夜の食卓を明るくするために100ワットの電球をつけているとする。この電力を得るのにこれまでは石油火力発電で得た電力だったので、電気代は1日100円だったとする。それを、地球温暖化を防ぐために太陽光発電に切り換え、得た電力を蓄電池で保存し、必要時にその電力を使うように切り換える。新しい電力は、新規の投資コストがかかっているので、同じ100ワットでも、1日300円かかるとしよう。100円から300円へ上がるので、消費者にとって生計費が高騰、他の支出項目の支出を減らすしかなくなる。

その分、個人消費は減り、経済成長率は低下する。つまり電源を新しく再生可能エネルギーに切り換えることは、それだけでは経済成長率を低下させる要因である。

もちろん電源を再生可能なものに変えることで、経済発展の持続性は高まる。温暖化による大災害は防げるし、限りある石油資源の採掘に依存しないでエネルギーの供給が維持されるからだ。再生可能エネルギーに切り換える投資によって、一時、経済の量的拡大は抑えられるが、経済活動の「質」は高まる。量を犠牲にして質を高めるのが、21世紀に人類が行うエネルギー革命であるという、経済と温暖化防止の関係を理解しておくことが大切である。

そこで、主として国際エネルギー機関（IEA）の資料に拠りながら、図表3—4を作成した。1990年から2006年まで、上位6国の排出量変化を比較すると、

第3章 地球温暖化と中国・インドのGDP極大化戦略

図表3—4 中印の「削減」実は2倍から4倍増

	1990年排出量	2006年排出量（90年比増加率）	2020年排出量見込みと比較			政府公式説明
			排出量見込み	1990年比増減率	2006年比増減率	
中国	22億トン	61.03億トン 2.77倍	78.43億トンまたは94.20億トン	3.5倍 4.3倍	29％増 54％増	GDP比で40-45％削減
インド	10億トン	15.10億トン 1.5倍	26.39億トンまたは41.50億トン（2050年70億トンのシナリオも政府が用意）	2.6倍または4.2倍	75％増または127％増	5シナリオ。GDP比20-25％削減
米国	61.48億トン	70.54億トン	59.64億トン	3％減	05年比14％減	05年比14％減
EU27	55.64億トン（EU15）	50.45億トン（2007年）	38.95億トンまたは44.58億トン	30％削減または20％削減	07年比23％減または12％減	90年比20％削減または30％削減
ロシア	約30億トン	15.65億トン	24億トン	20％減	53％増	90年比20-25％減をロシア大統領がEC委員長に表明
日本	12.61億トン	12.93億トン	9.469億トン	25％減	26.8％減	90年比25％減を約束

（出典）各国政府資料から筆者作成。

中国（2.8倍）インド（1.5倍）と両国は伸び率高い。これは中国とインドの経済成長率が高く、経済拡大に伴って化石燃料を中心としたエネルギー消費量が増え、それに伴って二酸化炭素排出量も増大したからである。

さらに2006年から2020年までの排出量変化を見ると、日米欧はいずれも二酸化炭素排出量を減少させる予定であるのに比べ、中国は29％から54％増加、

インドは75％から127％と、いずれも大幅増加を見越している。

日欧は国連気候変動枠組会議へ提出した数字。中国とインドは2020年の排出数量見込みを国連に提出していないが、中国については李志東教授の計算に依拠。インドはインド政府ホーム・ページに載った5つの予測モデルの中から採った。

第3節 「炭素空間の平等な利用権」という主張

近年の排出量急増で、排出量がそれぞれ世界1位と4位になった中国、インドの両国が、さらに増勢を強めるのは、温暖化防止という政策目標からすると、大きな懸念材料である。とくにインドについては、インド政府がホーム・ページに載せている排出量予測値が5つもあり、それらにかなりばらつきがあるのが気がかりだ。

インドが、5つのインド政府予測値のうち排出量が最も大きい数字に振れると、2020年の排出量は73億トンと、自国の2006年比約5倍、2006年世界1位だった中国の61億トンを超える。中国が7％成長を続け、エネルギー利用効率化でGDP比50％削減を達成した場合の2020年排出量予測71.3億トンをも超える。この場合、現在4位のインドが10年後には世界1位の温室効果ガス排出国になる。

この数字から不吉な将来を予測することもできる。今は世界の温室効果ガス排出量レースで中国がアメリカを抜いて世界1位になったばかりだ。しかし10年後にはインド1位、中国2位となり、両国が排出量競争1位の地位をめぐってデッド・ヒートを演じているという、暗い将来の可能性である。

削減努力が不十分だという国際的な批判を和らげるため、中国とインドは、気候変動防止の国際会議で一緒になって行動する集団を結成した。ブラジルと南アフリカもこれに加わり、国名の頭文字を取ってベイシック・グループ（BASIC Brazil, South Africa, India, China）を自称している。ベイシック・グループは、2009年12月に国連の会議で数値目標採択阻止に成功した後、2010年に

第 3 章　地球温暖化と中国・インドの GDP 極大化戦略

入っても 3 ヶ月に 1 回のペースで定期的に会合を重ね、2010 年 7 月 26 日の会合後は、共同声明を出した。

　声明の主な内容は次のようなものである。

　大気圏上空 1 万メートルほどのところで二酸化炭素が溜まっている大気の層は、人類が共同で利用できる「炭素空間（carbon space）」だ、工業化が進む途上国も、産業革命以来先進国がしてきたのと同様に、その「炭素空間」に二酸化炭素を吐き出す権利がある、という主張である。これまで 200 年間、主として先進国が上空の「炭素空間」を利用して工業化してきたが、われわれ途上国もこれからはその空間を平等に利用するだけだ（Basic: Joint statement by the Basic group, www.polity.org.za/article/basic-joint-statement-by-the-basic-group-brazil-south-africa-india-and-china-at-the-conclusion-of-the-fourth-meeting-of-ministers-on-climate-change-260720-102010-07-26）。

　この主張に従えば、気候変動を促進する中国、インドの二酸化炭素排出量大幅増加も、当然の、平等な権利の行使に過ぎない、ということになる。

　だが、すでに上空 1 万メートルの「炭素空間」は先進国が使ってしまっており、空いている場所はない。上空に堆積している二酸化炭素はもう 8,000 億トンに達しており、大気中の二酸化炭素濃度は上昇を続け、現在約 385ppm である。それでもすでに温暖化と異常気象が始まっている。

　上空 1 万メートルの炭素空間を平等に利用する権利があるから、「いままで先進国が主に使ってきたその空間を途上国のために空けろ」というのは、気候変動問題のある側面をつかむのには、大変分かりやすい、うまい比喩である。しかし、大気の上空は、電車やバスの座席ではない。「今まで長く炭素空間を使っていたのだから、おまえはどけ」と言われても、どくことはできない。座席は座っていた人が立てばすぐに空間が生まれ、譲ることができる。だが 1 万メートル上空の大気から二酸化炭素だけを取り出して除去し、「さあ炭素空間が空きましたから、途上国の皆さん、使って下さい」などと言うことは、現代の技術では不可能である。中国もインドもそのことは百も承知なのだ。

　平等に炭素空間を利用する権利を行使するのだと言って、ベイシック 4 国が

二酸化炭素の排出量をさらに増やしてくれば、温暖化が加速し、気候変動による災害がいっそう大きくなるだけである。ベイシック・グループなどの途上国が、工業化で出遅れたのは運が悪かったとしか言いようがない。いまは「炭素空間の平等な利用」などと言う身勝手なことを言わず、世界中で二酸化炭素排出量削減を実施していくしかないではないか。日米欧先進諸国の、ベイシック諸国に対する反論はこのようなものにあるであろう。

しかし、ベイシック・グループは、コペンハーゲンの会議ではそう明白な形を取っていなかったが、2010年に入ってからの会合を通じて「炭素空間の平等な利用」という概念を確立した。この考えがよほど気に入ったと見えて、2010年7月に出したわずか1頁半の共同声明で、「炭素空間の平等な利用 (equitable access to carbon space)」という熟語が4回も出てくる。

経済成長最優先、一刻も早く豊かになりたい、という気持ちが強いあまり、こういう概念に逢着し、それを宣伝するようになったのであろう。

第4節　GDP崇拝戦略の帰結
　　　　　―孫たちを襲う嵐―

コペンハーゲン会議で削減目標数値を決めることに失敗した後、気候変動問題専門家たちの間では、一種のあきらめにも近い合意が生まれている。途上国が協力しなくても、先進国はとにかく必要な投資をするのだという、気候変動問題を真剣に考えているアメリカ人ジャーナリストたちの見方を先に紹介した。

気候変動を調べている専門家の間では、気候変動により、誰も予想できない大災害が今後発生するのは既定の事実となった。今後も中国・インドへの呼びかけは続けるべきだが、同時に大災害発生を前提に、その被害を最小限にするための政策を実施し、必要な投資を開始するべきだという意見が出ている。

予想される災害は、まず干魃や大洪水による農作物の不作。食糧不足である。そして北極とグリーンランドで氷がなくなり、海水の水位が上昇、ニューヨーク、上海、東京、アムステルダムなどの臨海大都市で大水害が起きる。インド

第3章　地球温暖化と中国・インドの GDP 極大化戦略

やバングラデシュの臨海部ではかなりの面積が水没する。2010年夏に起きたロシアでの広域火災（546ヶ所で発生、52人死亡）やパキスタンの水害（800人死亡、500万人が家を失う）などは、これから起きる大災害に比べれば、まだ序の口である。

　専門家たちが最も恐れているのは、海そのものの変化である。海はこれまで大量の二酸化炭素を空気中から吸収し、二酸化炭素濃度の上昇ペースを緩やかなものにしてくれていた。しかし、大量の二酸化炭素吸収が続いたことで、海水そのものが少し酸化し始めたことをアメリカのエネルギー省は観測している。二酸化炭素の放出による地球の生態系破壊が、空気中と陸上にとどまっている間はまだ良かった。だが海が酸化してきわめて薄い炭酸水のようになると何が起きるのだろうか。すでに海水の温度上昇で珊瑚礁の死滅が始まっているが、海水の酸性化で貝や魚にどんな影響が出るのか、分かっていない。

　地球規模で流れる大海流の流れが変化し、広範な地域（例えばヨーロッパの大部分）が急激に寒冷化するといった変化が起きることを懸念する声もある。

　人類が二酸化炭素を出し過ぎて、空気だけではなく、とうとう海まで変えてしまってはいけない。不可逆的に、加速度的に温暖化が進み始めた場合は、どうしたらよいのか。こういった事柄の検討が、真剣味を増してきた。2010年に入ってからベイシック・グループが態度を硬化させ、GDP極大化戦略をまっしぐらに進め始めたことを、先進国の専門家たちは恐怖の念を持って見守っている。

　アメリカ航空宇宙局NASAの物理学者ジェームス・ハンセンは、2009年末に出した本で、海水位が急上昇する危険性を指摘し、警告を発している。

　「21世紀最初の10年間は（北極、グリーンランドなど覆っている……引用筆者）巨大な氷の板がようやく柔らかくなり始めただけだが、それだけで北半球の高緯度地域、特に中央アジアと北極で急激な温暖化が生じた。しかし氷の板がひとたび本格的に溶解を始めると、われわれの孫たちは、その生涯を通じて、無秩序な過渡期に暮らすことになる。」（James Hansen *Storms Of My Grandchildren: The Truth About The Coming Climate Catastrophe And Our Last Chance To Save*

Humanity　2009 NY: Bloomsbury p250）

■ メタン・ハイデレードの噴出

　日本近海を含む世界各地の深海底には、零度近い低温と強い水圧のため、液体状態で滞留しているメタンガスがあり、これはメタン・ハイデレードと呼ばれている。また、シベリアやカナダ北部の凍土（ツンドラ）地帯でも大量のメタンガスが永久（と最近まで思われていた）凍土に封じ込められている。

　すでにツンドラ地帯でのメタンガス発生が始まっている。今のペースで二酸化炭素を出し続けると、地球温暖化が進み、深海底のメタン・ハイデレードが水面近くまで急上昇、そこからメタンガスとして大気中に蒸発してしまう。メタンガスは同じ容積の二酸化炭素に比べ25倍もの地球温暖化力を持っている。ツンドラの溶解と海水温の上昇で、地底と海底からきわめて大量のメタンガスが大気中に放出されると、気温上昇が一気に進む。ハンセン氏は長年の研究と実験データに基づき、南極にも北極にも高山にも氷というものが一切ない地球が出現する可能性を指摘している。

　温暖化は、1）氷の板の溶解、低緯度地帯の温暖化、大嵐の発生から、2）水蒸気が増えることによる大気中の微粒子の減少を経て、3）深海底と地底からメタンガスの噴出……の3段階で進行するというシナリオを想定している。いまからメタンガス大量噴出に至るまでの数十年間が「無秩序な過渡期」で、ハンセン氏の孫たちはこの時期に人生の大部分を送ることになる。

　もう1つの要因は太陽光線そのものの変化である。太陽は現在表面での爆発がやや下火になっているので、かつてより弱まっている。しかし太陽光線は、強さが周期的に変化するので、やがてかつての勢いを取り戻す。そうなると温暖化の進行速度の予測を、いま考えているものより早める必要が出てくる。

　こうした気候変動の大部分は2010年69歳に達したハンセン氏自身の生きているうちには起きないであろう。天変地異による大災害はハンセン氏の孫たちの時代に起きる。こういう警告のメッセージを伝えるため、ハンセン氏は自著に「孫たちを襲う嵐 Storms of my Grandchildren」という題をつけた。

　その本には実際にかわいい孫たちの写真が4枚も、高度な図表や概念図の間

に挟まれて掲載されている。この子たちが大人になった頃、世界はひどいことになっているだろうから、というのが、専門書に孫の写真を載せた理由だという。

　幸いにして、欧米諸国はようやく超GDPへの道を歩み始め、GDP成長率が下がっても、そう大騒ぎしないだけの長期展望を持ち始めている。だが中国やインドのような急成長する人口大国はそうではない。未だにGDPを崇拝し、「炭素空間の平等な利用権」を主張して、経済成長最優先の経済戦略を実施している。

　欧米と中国・インドの違いは、たかがGDP指標に関する経済戦略上の意見の違いに過ぎないように見えるかもしれない。しかし、温暖化が加速し始めた21世紀初頭では、重視する経済指標と採用する経済戦略の違いが、大きな国際的対立を生み、気候変動による災害をいっそう大きくし、早いものにする恐れが強まっているのである。

第5節　超GDP戦略と日本の経済政策
　　　　―超GDP戦略がもっとも必要な国―

■ 超GDPが必要な4つの理由

　日本は先進国の中で最も、経済規模の拡大（GDP成長率）にこだわるべきではない立場にある国である。超GDPの視点に立つ経済戦略を最も必要としている。それは4つの理由による。

　第1は人口減少である。先に述べたように、日本の人口は、2010年の1億2,700万人が、2050年には1億0059万人と、40年間で21％もの減少が見込まれる。

　先進国では最も速いペースでの人口減少が、今日本で進行中である。人口の減少は生産面からも、消費面からも、経済規模の拡大を困難にする。他の条件に変化がなければ、経済規模の縮小を促すことを前述した。

　EUも日本と同様、人口減少で経済拡大は困難になっている。それでもEU

は今から2050年までの人口減少率が約1.8％で、日本に比べれば、減少率はきわめて低い。減少率が低いのは、今後3千数百万人もの移民受入れを見込んでいるためである。なおアメリカは移民流入が高水準を保つので、人口は今の3億人が、2050年には4億人を超える。先進国ではただ1つ、人口制約による成長の限界に直面していない。今後も3％程度の成長が見込める、先進国の中では例外的な国である（'The Ponzi scheme that works' *ECONOMIST* 2009-12-17）。

人口減少率が低くてもEUは人口減少が経済にもたらす影響を深刻に受け止めて2020年戦略を作り、EU諸国民にGDPを超えた総合的な経済ビジョンを示して、国民に未来への希望を与えている。

理由の第2は、日本は世界の温室効果ガス削減交渉において、2020年までに1990年比25％削減という、世界で最も高い削減率達成を公約しているので、その分でも成長率が低下することである。

EUは既に同20％削減を約束しているが、国際交渉がまとまれば90年比削減率を同30％に引き上げる予定である。コペンハーゲン会議で交渉がまとまらなかったので、当面は日本の25％削減が世界最高水準の約束を維持しそうである。

25％削減の実行計画を日本政府は作成中だが、目標達成のためには、エネルギー消費段階での節約に知恵を絞るだけではなく、エネルギー源を化石燃料から再利用可能エネルギーに変えて行く必要がある。これには大規模な投資が要るので、それは日本のエネルギー価格を引き上げ、成長率をしばらくの間、低下させる。高めの成長率は、その分だけ、より達成困難な目標となる。

理由の第3は、日本の若者の教育水準の著しい低下を止め、再上昇させるには、政府資金による教育投資が必要だからである。

日本の公的資金による教育支出は、長年支出額が凍結されてきたため、GDP比3.5％で、先進国で最低の水準にある。政府による教育支出の増加は、短期的には成長率を低下させる方向に働く。それでも労働力人口減による生産能力の低下に対しては、教育投資の強化によって労働生産性を高めて対応するしか

ない。

　米欧がそうしているように、幼児から社会人までの教育投資増加は、政府資金を中心にせざるを得ない。政府による教育投資増加には、増税が必要で、増税は家計の消費と企業の投資を減退させる働きをする。経済規模の拡大、GDP成長率それ自体を政策目標にするのは、得策ではなくなってくる。

　先進国クラブである OECD 経済協力開発機構の世界共通学力調査 PISA によると、日本の 15 歳児の学力はほぼ毎年低下し、今ではシンガポールや韓国に水をあけられている。これは小中学校の授業時間をかつての 3 分の 2 にまで減らしてしまった、犯罪的な「ゆとり教育」が主な原因である。お隣の韓国の大学進学率は 8 割を超えて世界一だが、（後述するように）オバマ大統領はアメリカの大卒率をあと 10 年で世界 1 位にする（つまり韓国を抜く）と、2010 年 3 月 27 日のインターネット演説で述べた。

　こういう手強い相手と競争するには、今行っている、過去の誤った「ゆとり教育」の手直し程度ではダメだ。手直しではなく、抜本的改革が必要だ。世界の経済競争で日本が生き残るための国家最重点戦略として、教育投資を大幅に増やさなければならない。教育投資増加は、先に述べたように、ぜひ必要ではあるが、短期的には成長率を低下させる。

　理由の第 4 は、多くの要因が作用して、既に日本でデフレ（名目価格で見た経済規模の縮小）が進行しているので、それに対応した、しかも前向きの経済ビジョンを持つ必要があることである。

■ 深刻な国民の窮迫

　デフレにより国民の間で窮迫感が広がっている。

　日本の経済規模（名目）は 2009 年に約 479 兆円だった。これは前年より 28 兆円も縮小しているだけではなく、10 年前（1999 年）に比べても、約 3.6％もの経済縮小である（http://ecodb.net/country/JP/inf_gdp.html）。

　国全体の経済規模が 10 年間で約 4％縮小しているだけではない。サラリーマンの平均年収は 2008 年に 430 万円で、これは 10 年前に比べ 7.5％もの減少である（http://nensyu-labo.com/heikin.suuji.htm および http://nensyu-labo.

com/2nd_salary.htm）。

　失業率は日本としては異例に高い5％近辺で高止まりし、就業者数は2010年6月6,280万人で、29ヶ月連続減少した。雇用されても、うち34％は非正規雇用なので、低賃金なうえ、いつ首になるか分からない（http://www.stat.go.jp/data/roudou/sokuhhou/tsuki/index.htm）。

　GDPで表される国全体の経済規模が縮んで行く速度（3.6％）の倍以上のペース（7.5％）で、サラリーマンの生活水準は低下しているのだ（デフレと生活水準の問題はもっと厳密に議論する必要がある。しかし、それはここでのテーマではないので、分かりやすい数字を用いている）。急激な人口減少と深刻なデフレで規模拡大がヨーロッパ以上に困難になっている日本のような国に、成長戦略という考え方がそもそも不向きなのである。

■ 名目3％成長を目指す

　菅内閣は2010年6月18日、新経済戦略を決定した。新戦略は「2020年度までの年平均で、名目3％、実質2％を上回る経済成長を目指す」ことを謳っている（www.kantei.go.jp/jp/sinseichousenryaku/sinseichou01.pdf）。

　しかし、10年来、生活水準の低下に苦しんできた多くの日本国民は、名目3％成長の戦略という政府発表を全く信用しなかったのではなかろうか。

　日本に必要なのは名目3％などという、できるはずのない成長戦略ではない。超GDPの思想と総合的な戦略を持つことである。

■ 方向感覚は正しいが……

　民主党政権は鳩山内閣時代の2009年12月、長期戦略の検討に着手した。長期戦略策定の基本方針では、「国民の幸福度」を表す新たな指標を内閣府で開発し、「その向上に向けた取り組みを行う」ことを2010年2月末に決めた（www.jiji.com/jc/c?g=pol_30&k=2010022800155　および「幸せの度合い、どう測る、今後もGDPが有力な物差し」日本経済新聞2010年3月21日）。

　こうしたことから菅内閣の政策は、小泉内閣以来の市場原理主義とGDP成長率引き上げ最優先主義とは縁を切った。ブッシュ時代のアメリカや小泉時代の日本とは正反対の方向に向かっていると見ることができる。

■ 公約を裏切る実際の政策

だが、実際に菅内閣が作成した 2011 年度予算は全くひどいものだ。これではマニフェストを全く達成できないことが明らかな予算になっている。

2011 年度予算の一般会計歳出額は前年度比 0.1％減の 70 兆 8,625 億円である。このうち教育に関わる文教予算は前年度比 1.9％減の 4 兆 1,748 億円で、生涯学習、学力育成、幼児教育、大学教育など、ほとんどの項目で削減が続いている。経済産業省が管理しているエネルギー特別会計の金額も 2011 年度は 8,960 億円と、未だに 5 年前の水準（9,578 億円）より 6 ％も低い水準である。

環境省の地球温暖化対策費も 3 兆 6,072 億円と前年比 8.3％減。人的資本投資や環境・エネルギー政策では、歳出全体の平均削減率より高い水準の削減が行われている。

人的資本と新エネルギーに投資するという、EU が行っている戦略投資とは正反対の方向である。オバマ大統領の教育予算 1 年で倍増、再利用可能エネルギーの生産量 3 年で倍増、国民健康保険制度樹立という、戦略目標を明確に示した予算と比較すると、さらに見劣りする。

新エネルギー投資による低炭素時代への移行を促す政策でも、中国やインドの頭脳力に負けないための人的資本投資政策でも、日本の民主党の予算と政策は、アメリカにも EU にも見劣りする。本当に重要な政策課題が分かっていない人たちが作った落第予算だと言わざるを得ない。

■ 求められる超 GDP の発想

結局これは、菅首相ら政権首脳部の見識と判断力にかかわる問題である。「友愛社会」「新しい公共」など、日本が向かうべき方向について、鳩山前首相は良い判断をしていた。だが、その方向感覚から戦略を生み出し、個々の事業を立案し、実行していく段階のつめが全く不十分である。

いつの時代も経済改革は難しいが、いまヨーロッパは超 GDP の経済思想を持ち、戦略を立て、政策を実行し始めている。

日本の指導者は、市場経済の意義と限界を深く考えるべきである。先進国は人的資本と新エネルギー投資に力を入れることが必要になっている 21 世紀初

頭の世界情勢を正しく理解した上で、資本主義の未来について大きなビジョンを持つべきである。未来社会についてのビジョンを持ち、そういう良い社会を実現するために政府投資が必要である、という訴えをすれば、増税も説得しやすいのではないか。

福祉国家と環境国家を築いてきたEU加盟国の消費税は15％から25％の間である。ヨーロッパ主要国の指導者たちは長年手探りを続けた結果、政府の役割を増大する必要があることと、21世紀における先進国共通の政策課題（人的資本と環境に投資するという課題）について、理解をかなりの程度共有できるようになった。

その結果、GDP成長率を超えた「経済業績と社会の進歩」について提案したスティグリッツ委員会の勧告を正面から受け止めた、新戦略を採用し、新指標を開発し始めた。

2010年から、EUは公式に、アメリカはほぼ事実上と、それぞれ採用の仕方に違いはあるが、「超GDP」の戦略を採用し、実行し始めた。それによって欧米が手に入れようとしている成果は、高い個々人の能力に支えられた国際経済競争での勝利と、再利用可能エネルギーへの移行に支えられた、持続可能な発展である。そして、究極的には多くの人びとの、高い教育水準に支えられ、人びとが心豊かな人生を生きられるような社会づくりである。「改革なくして成長なし」などという小泉時代のスローガンに幻惑され、「成長戦略」を立てて、高めの成長率目標を誇示するようなことを、もはや米欧の指導者はしていない。

どこよりも早く少子高齢化が進む日本は、成長率が低いのは当然である。成長率が低いことを「失われた20年だ」と嘆くようなGDP崇拝の思想から一刻も早く脱却すべきである。民主党政権とその指導者たちが、早く、オバマ米国大統領やバローゾEC委員長並みの見識を備えることを期待したい。

INDEX
日本語索引

【あ】
アース・レース ……………………… 116
新しい責任の時代 ………………… 27, 116
天谷直弘 ……………………………… 4
イスタンブール宣言 ………… 13, 44, 45
一般理論 ……………………………… 32
移民受入れ ………………………… 58-62
失われた10年 ………………………… 54
欧州統計局 ………………… 13, 95-102
大竹文雄 ……………………………… 44
オバマ大統領 ……………… 27, 133, 134
温家宝 ……………………………… 111

【か】
ガーシェンクロン ……………………… 4
海外投資収益 ………………………… 82
開発中の指標 ………………………… 50
可処分所得 …………………………… 24
家庭内労働 ……………………… 25, 86
格差 …………………………………… 91
気候変動防止 ………………………… 10
キャメロン首相 ……………………… 23
教育 ………………………… 30, 80, 88
クズネッツ …………………………… 48
経済業績と社会進歩の計測
　………………………（はじめに）3, 134
ケインズ ……………………… 32, 34-37
ケインズ再訪 ………………………… 36
健康20指標 …………………………… 29
幸福度 …………………… 5, 9, 10, 12, 52
幸福論 …………………………… 5, 39-44

コールドウェル ……………………… 61
国際エネルギー機関 ………… 117, 122
国富論 …………………………… 3, 31
国民可処分所得 ……………………… 83
国民総幸福 …………………………… 23
コペンハーゲン会議 ………………… 14
困窮問題の消滅 ……………………… 35

【さ】
坂の上の雲 …………………………… 4
削減割当て3基準 …………………… 113
サルコジ大統領 ………… 12, 23, 75
持続可能性14指標 …………………… 84
持続可能性4勧告 …………………… 84
持続可能度 …………………… 10, 92
ジニ係数 ……………………………… 91
司馬遼太郎 …………………………… 4
市民社会組織 ………………………… 8
白石小百合 …………………………… 44
社会的資本 ……………… 8, 40, 52
社会の進歩 ……………………… 6, 13
主要全国指標（KNIも参照）………… 5
シン首相 …………………………… 112
新指標 ………………………………… 93
スティグリッツ ………… 67, 69, 77
スティグリッツ委員会 ……………… 94
スティグリッツ報告書 …… 60, 78, 89
スミス ………………………………… 31
成長会計 ……………………………… 57
セン …………………………………… 46
ソーシャル・キャピタル … 8, 39, 52
ソロウ ………………………………… 33

【た】
炭素空間 ……………………… 14, 124-126

超 GDP ……………………… 13, 14, 34, 45
超 GDP 指標 …………………… 12, 21, 47
筒井義郎 ……………………………… 44
つながり ……………………… 28, 69, 90

【な】

日本の経済政策 ………………… 129-131
日本の幸福度 ………………………… 44

【は】

パットナム …………………………… 40
ハルパーン ……………………… 40, 41
バローゾ …………………… 113, 134
ハンセン ……………………………… 127
ハンド ………………………………… 72
人とのつながり ……………………… 28
ヒューマン・キャピタル …………… 52
貧困率 ………………………………… 44
福利 …………………………………… 45
ブラウン首相 ……………………… 112
フリードマン ……………………… 115
ブリスコウ …………………………… 71
「米国の現状」………………………… 45
ベイシック・グループ ……… 124-126
ペティ ………………………………… 31
ベバレッジ報告 ……………………… 41
包括所得 ………………………… 13, 25
ボク …………………………………… 43

【ま】

孫たちを襲う嵐 …………………… 128
宮川公男 ……………………………… 40
民富 …………………………………… 66
メタン・ハイデレード …………… 128

【や】

ゆとり教育 ………………………… 131
ヨーロッパ 2020 ……………… 5, 12
ヨーロッパ 2020 戦略 …… 19, 20, 102
余暇時間 ……………………………… 25

【ら】

ラッファー …………………………… 33
ラメシュ環境・森林相 …………… 112
レイヤード …………………………… 41
ローマ条約 …………………………… 7

【わ】

ワシントン・ポスト ……………… 115

INDEX
アルファベット索引

BASIC ……………………… 124-126
Bok …………………………………… 43
Briscoe ……………………………… 77
Caldwell ……………………………… 61
COP15 ……………………………… 10
EU 全要素生産性 …………………… 56
EU 戦略 ……………………… 104-106
Fitoussi ……………………………… 12
GDP ………………………………… 93
GDP 関連勧告 ……………………… 77
GDP 崇拝 ………………… 4, 34, 46
GDP 比削減 ……………………… 120
Gerschenkron ……………………… 5
Halpern ……………………… 40, 41
Hansen …………………………… 127

INDEX

Happiness	5
IEA	117, 122
KNI	5, 16, 17, 29, 107-109
Laffer	33
Layard	41, 42
Mismeasuring Our Lives	(はじめに)2
National Disposable Income	83
New Era of Responsibility	27
Petty	31
PISA	131
Putnam	40, 70
Sen	12, 23
Solow	33
State of the USA	50, 107
Stiglitz	12, 23, 67
Stockman	27
TFP	57
trickle down	27
trickle up	27

著者略歴

福島　清彦

1967年一橋大学経済学部卒業。69年一橋大学院経済研究科修士課程修了。毎日新聞社入社。経済部記者。76年米国プリンストン大学国際金融学科留学、同大学客員研究員。帰国後77年12月まで毎日新聞社勤務。78年野村総合研究所入社。80年同研究所政策研究部主任研究員。米国ワシントンDCのブルッキングス研究所へ派遣。客員研究員。81年野村総合研究所ニューヨーク事務所勤務。ワシントン事務所長（初代）を経て、86年帰国。同研究所（東京）経済調査部副部長、政策研究部長を経て94年8月から96年5月まで米国ジョンス・ホプキンス大学高等国際問題研究院 (SAIS, School of Advanced International Studies) 客員教授。96年野村総合研究所社会産業研究本部主席研究員。99年野村総合研究所（ヨーロッパ）社長（ロンドン駐在）。2002年帰国。野村総合研究所主席研究員。2004年天津日中大学院客員教授。2004年末野村総合研究所を定年退職。2005年立教大学経済学部教授。2011年立教大学経済学部特任教授。現在に至る。

主な著書：『直接投資と地域主義』（94年資本市場フォーラム）『太平洋の時代』（東洋経済新報社）、『直接投資でアジアは伸びる』（編著、野村総合研究所、1994年）、*The New Wave of Foreign Direct Investment* (ed., Singapore: Institute of South East Asian Studies, 1995)、『日米欧世界』（筑摩書房、1998年）、『暴走する市場原理主義』（ダイヤモンド社、2000年）、『ヨーロッパ型資本主義』（講談社、2002年）、『アメリカのグローバル化戦略』（講談社、2003年）『日本経済の正しい理解と明るい展望』（日経BP社、2004年）、『持続可能な経済発展』（税務経理協会、2007年）、『環境問題を経済から見る』（亜紀書房、2009年）、『オバマがつくる福祉資本主義』（亜紀書房、2009年）

1984年論文「変貌する日米経済関係と日本の進路」で東洋経済新報社・第1回高橋亀吉賞を受賞。

1995年論文「特別な国になる戦略と理論」で経済企画庁・第1回大来佐武郎賞を受賞。

2009年著書『環境問題を経済から見る』で日経BP社から日経BizTech賞受賞。

| 国富論から幸福論へ ―GDP成長を超えて暮らしの質を高める時代― |

2011年5月10日 初版第1刷発行

著　者	福島　清彦
発行者	大坪　嘉春
製版所	美研プリンティング株式会社
印刷所	税経印刷株式会社
製本所	株式会社三森製本所

発行所	東京都新宿区 下落合2丁目5番13号	株式 会社 税務経理協会
	郵便番号 161-0033　振替 00190-2-187408 　　　　　FAX (03) 3565-3391 URL http://www.zeikei.co.jp/ 乱丁・落丁の場合はお取替えいたします。	電話 (03) 3953-3301 (編集部) 　　 (03) 3953-3325 (営業部)

Ⓒ福島清彦　2011　　　　　　　著者との契約により検印省略

本書の内容の一部又は全部を無断で複写複製（コピー）することは、法律で認められた場合を除き、著者及び出版者の権利侵害となりますので、コピーの必要がある場合は、予め当社あて許諾を求めて下さい。

Printed in Japan

ISBN 978―4―419―05634―6　C 3033